바로간다
삼성전자

바로간다 삼성전자

초판 1쇄 발행 | 2015년 9월 1일

지 은 이 | 도현우, 이재호
발 행 인 | 김영희
기   획 | 신현숙, 하순영
마 케 팅 | 권두리
편   집 | 최은정, 변호이, 박지혜, 김민지
디 자 인 | 박성민, 한동귀, 문강건
발 행 처 | (주)에프케이아이미디어(프리이코노미북스)
등록번호 | 13–860호
주   소 | 150–881 서울특별시 영등포구 여의대로 24 FKI타워 44층
전   화 | 출판콘텐츠팀 | 02–3771–0435, 영업팀 | 02–3771–0245
홈페이지 | www.fkimedia.co.kr
팩   스 | 02–3771–0138
E – mail | rommi10@fkimedia.co.kr
I S B N | 978–89–6374–113–0 13320
정   가 | 1만 1,000원

◈ 낙장 및 파본 도서는 바꿔 드립니다.

◈ 이 책 내용의 전부 또는 일부를 재사용하려면 반드시 FKI미디어의 동의를 받아야 합니다.

◈ 내일을 지키는 책 FKI미디어는 독자 여러분의 원고를 기다립니다. 책을 엮기 원하는 아이디어가 있으면
hsshin@fkimedia.co.kr로 간략한 개요와 취지를 연락처와 같이 보내주십시오.

이 도서의 국립중앙도서관 출판예정도서목록(CIP)은 서지정보유통지원시스템 홈페이지(http://seoji.nl.go.kr)와
국가자료공동목록시스템(http://www.nl.go.kr/kolisnet)에서 이용하실 수 있습니다. (CIP제어번호 : CIP2015021023)

바로 간다 삼성전자

베스트 애널리스트의 분석과
취업멘토 교수의 가이드

도현우·이재호 지음

프리이코노미북스

취업에 왕도는 없지만 바른 길은 있다

사실 취업 준비에 왕도王道가 있을까 싶습니다. 준비한 내용은 같아도 면접관의 성향이나 기호에 따라 그리고 지원자의 당일 컨디션에 따라 당락의 결과가 달라지기도 하는 것이 취업이기 때문입니다. 하지만 면접과정이 다면화·다층화될수록 이런 운運의 요소는 점점 희박해지게 됩니다. 최근 주요 대기업들은 선발의 변별력을 높이기 위해 인·적성 테스트 도입은 물론 자소서를 직무에세이 형식으로, 면접을 합숙 형태의 집합면접으로 전환하였습니다. 여러분도 당연히 이런 채용 프로세스가 탈脫스펙을 위한 것임을 잘 알고 계실 겁니다. 하지만 탈스펙을 위해서 무엇이 가장 필요한지에 대한 인식은 부족한 것 같습니다. 사진, 어학점수, 자격증, 수상 경력, 교환학생 경험 등과 같은 것을 안 본다면 과연 무엇으로 지원자의 역량을 평가할 수 있다고 생각하시는지요?

결국 서면書面과 대면對面 과정에서 지원자의 간절함과 준비 상태로 판단할 수밖에 없습니다. 간절함이란 먼 길을 함께 가도 좋겠다는 확신을 주는 것이고, 준비 상태란 희망 회사에 지원하기 위해 구체적으로 얼마나 많은 고민과 탐구활동을 했는가에 의해서 결정됩니다. 그래서 집합면접장에 들어가면 상황 케이스를 주고 전략이나 아이디어를 도출해보라는 질문이 빈번하게 출제됩니다. 사실 전문가도 이런 질문을 제한된 짧은 시간에 소화하기 어렵습니다. 해법은 면접관이 무엇을 기대하는지를 간파하는 데 있습니다. 입사를 위해 많은 고민을 해봤다면 그래도 '나름의 답을 하지 않을까'라는 면접관의 기대를 충족시키는 것 말입니다.

그래서 취업을 제대로 준비하기 위해서는 기업에 대한 이해가 전제되어야 합니다. 시간에 쫓기다 보면 기업분석의 필요성은 인정하지만 엄두가 나질 않는다는 생각이 드실 겁니다. '급할수록 돌아가라'는 속담이 있습니다. 급하면 무엇을 해도 몰입할 수 없다는 의미일 것입니다.

본 기업분석 시리즈는 취업 포털의 채용 공고문을 확인하는 순간부터 시작해도 전혀 무방합니다. 서류 심사에서 최종 면접까지 1개월에서 2개월의 기간 동안 본서를 활용하는 것에 시간적 부족함을 느끼지 않을 것입니다. 1장 산업 파트만 읽어도 기업을 분석하는 것에 대한 막연함에서 벗어날 수 있습니다. '멘토의 팁'과 '관련 자료 찾아보기' 코너를 곁들인 이유가 바로 여기에 있습니다. 애널리스트의 친절한 설명과 멘토의 가이드를 따라가다 보면 어느새 회사를 보는 안목이 생기는 것을 깨닫게 될 겁니다. 면접관이 무엇을 중요하게 생각하는지 알게 되므로, 자소서에 어떤 소재를 활용해야 할지 면접에서 어떤 부분을 언급하고 강조해야 할지 자연스럽게 알게 됩니다. **왕도는 없다고 했지만 바른 길은 있습니다. 바로 가는 취업을 원한다면 지금 바로 첫 페이지를 펼쳐보시기 바랍니다.**

세계 IT산업 이끄는 퍼스트무버, 삼성전자에 지원하려면…

1969년 창립한 삼성전자는 2015년 시점 매출액 기준 세계 최대 IT회사다. 초창기에는 일본 전자 기업들로부터 기술을 전수받았다. 생활가전제품을 단순 조립하는 회사에 불과했다.

도약의 시작은 반도체다. 1980년대 메모리반도체는 미국, 일본 등 선진국만 할 수 있는 최첨단 산업이었다. 한국 기업이 하기엔 무리라는 의견이 대부분이었다. 하지만 경영진은 메모리반도체야말로 기술집약적인 산업이므로, 한국에서 해낼 수 있는 산업이라고 판단했다. 한국은 자원은 부족하나 우수하고 근면한 노동력을 지닌 인재가 넘치기 때문이다. 과감한 투자와 연구 개발을 통해 불과 10년 만에 삼성전자는 메모리반도체 분야 세계 최정상에 올라섰다.

두 번째 도약은 스마트폰이다. 2007년 등장한 아이폰은 휴대폰산업의 근간을 완전히 뒤흔들었다. 세계 1위인 노키아가 망했다. 세상의 관심은 국내 대표 주자이자 휴대폰 2위였던 삼성전자의 행보였다. 삼성전자가 과연 아이폰을 넘어서는 제품을 내놓을 수 있을지, 노키아와 같은 길을 가게 될지 주목했다. 삼성전자는 트렌드를 빠르게 따라가는 '패스트팔로우' 전략으로 위기를 극복했고 스마트폰 사업 분야 1위에 올라섰다.

필자는 국내외 여러 IT기업들을 분석하고 있다. 삼성전자의 기업문화는 글로벌 IT기업들 사이에서도 최고 수준이다. 치밀한 조직관리와 정보수집, 과감한 실행과 투자, 성과와 성과에 대한 보상 관리가 철저하다. 일을 잘하는 직원이 꼭 높은 보상을 받는 건 아니라는 경우를 여러 회사에서 보았다. 삼성전자에서는 최소한 이런 걱정은 하지 않아도 된다.

삼성전자는 최근 패스트팔로워Fast Follower 보다 퍼스트무버First Mover를 지향하고, 경쟁력이 낮았던 비메모리반도체와 소프트웨어에 역량을 집중하고 있다. 이 두 가지 목표의 공통점은 창의력 있는 구성원이 필요하다는 것이다. 과거처럼 치밀한 조직관리와 열심히 하기만 하는 직원으로는 만족할 수 없다. 삼성전자가 최근 입사 지원자에게 창의력을 강조하는 이유다. **자기소개서, 면접에서 기존의 방식과는 다른 방식으로 문제를 해결한 경험이나 높은 성과를 보인 예를 제시하면 삼성전자 입사에 도움이 될 것이다.**

삼성전자는 국내 1등 기업이다. 하지만 필자는 의외로 입사 지원자들이 삼성전자에 대해 잘 모른다는 느낌을 여러 번 받았다. 특히 반도체를 잘 모른다. 이 책에 삼성전자 입사 지원자라면 최소한 알아야 하는 IT 지식에 대해 자세히 기술한 이유다. 삼성전자에서 제품 매출액 비중은 스마트폰이 가장 크다. 하지만 삼성전자 제품 경쟁력의 근간은 반도체다. **경영 지원 희망자라도 반도체 작동 및 제조 기본 원리 정도는 알고 지원하면 유리할 것이다.**

목차

CHAPTER 03   IT모바일(IM): 스마트폰이 이끄는 삼성전자의 매출

01 손 안의 세상, 스마트폰

멘토의 팁 » LCD시장 동향 정리하기

관련 자료 » 검색 키워드, '중국 LCD산업'

CHAPTER 05 소비자가전(CE): 소비자의 일상을 풍요롭게

01 소비자생활제품부문 매출 1위, TV

멘토의 팁 » 삼성전자 TV 사업전략 정리하기

관련 자료 » 검색 키워드, '삼성전자 TV 전략'

02 세계시장 선두주자, 생활가전

멘토의 팁 » 삼성전자의 사물인터넷 준비동향 살펴보기

관련 자료 » 검색 키워드, '삼성전자 사물인터넷 전략'

한눈에 본다, 삼성전자

글로벌 일류기업 구현을 위해 삼성전자가 달려온 길

1938
3월 삼성상회 창립(대구)

1969
삼성전자공업 설립
삼성SANYO전기 설립

1974
한국반도체 인수
(1978년 3월 삼성반도체로
상호 변경)

1977
삼성SANYO전기 흡수합병
컬러TV 수출 개시

2003
세계에서 가장 작은 1G DRAM 개발
세계 최초 70nm 4G NAND플래시 개발
삼성전자–SONY, TFT–LCD 합작사 설립

1999
최소형 복합단말기(인터넷 휴대폰) 개발
1G DRAM 세계 최초 상용화
MP3 플레이어 휴대폰 세계 첫 개발

2004
세계 최초 70nm DRAM 공정기술 개발
포천誌 선정, '존경받는 기업' 전자 업계 4위 선정
세계 최초 HDD 내장 카메라폰 출시
뉴욕에 첨단 브랜드 체험관 오픈

2005
세계 최소 두께 디지털 슬림TV 출시
세계 최대 82인치 TFT–LCD 개발
90nm 512M 모바일 DRAM 양산

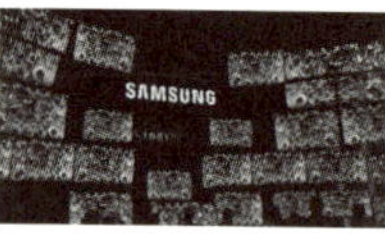

2008
글로벌 TV시장 최초,
20% 시장점유율 돌파
러시아 TV공장 준공

2010
삼성디지털이미징 합병

2011
미국 IBM과 특허 교차사용계약 체결
중국 TV브랜드 파워 1위

1983

삼성반도체통신,
국내 최초 64K DRAM 개발

1988

삼성반도체통신 흡수합병

1992

10.4인치 TFT-LCD 개발
세계 최초 64M DRAM 개발
중국생산법인 설립

1993

삼성 전 계열사 조기출근제 실시
초경량 휴대폰(SH-700/100g대)
독자 개발

1998

세계 최초 128M 싱크로너스 DRAM 개발
미국 오스틴 반도체 공장 준공
256M DRAM, 128M SRAM 세계 첫 개발

1996

64M DRAM 양산 개시
세계 최초 1G DRAM 개발
세계 최고속 CPU 알파칩 개발

2013

'갤럭시S' 시리즈,
글로벌 누적판매 1억 대 판매 돌파
5G 이동통신 핵심 기술 세계 첫 개발
인터브랜드 선정, 글로벌 브랜드 8위

2014

독일 'iF 디자인 어워드' 3년 수상 누
계 평가서 1위
인터브랜드 선정, 글로벌 브랜드 7위
세계 최초 차세대 20nm 8G 모바일
DRAM 양산

2015

스마트폰용 초고속 128G
UFS 세계 최초 양산
SUHD TV 세계시장 첫 출시

1. 채용 변천사

1957 국내 최초 신입사원 공개채용 ▶ 1993 여성 공채 도입 ▶

2011 장애인 공채 도입 ◀ 2005 대학생 인턴제도 도입 ◀ 1995 '열린채용' 시행

▶ 2012 '함께 가는 열린채용' 실시

2. 채용제도 종류

3급 신입채용

함께 가는 열린채용
- 취업관문에서 차별받고 사회에서 소외된 취약계층을 대상으로 한 채용 방식
- 3급 신입채용의 5%를 저소득층에 할당, 지방대채용 35%로 확대
- 고졸 공채 및 취약계층 별도 배려

SCSA (SAMSUNG Convergence Software Academy)

융합형 소프트웨어 인재 양성을 위해 인문학 전공자에 소프트웨어 교육 실시(2015년부터 자연계 전공자까지 대상 확대)

선先채용 후後교육 제도

삼성전자와 삼성SDS가 각각 교육 입과자를 선발 후 6개월 교육 과정을 거친다. 교육 중도 포기 시 입사 불가

4급 신입채용

4급 신입채용은 사별로 진행

전형절차

서류전형 → 삼성직무적성검사(SSAT)

면접(임원면접, 엔지니어, S/W 경우 기술면접) → 최종 합격 → 건강검진

경력채용

전형절차

서류전형 ▶ 전문가 평가 ▶ 임원 평가 ▶ 최종 합격

2015년 SCSA 모집요강

(2015년 기준)

모집 전공
인문계(상경, 어문, 인문, 사회, 법정, 예체능 등)
자연계(물리, 수학, 화학, 생물, 지구과학 등)

지원 자격
전학년 평점 평균 3.0 이상인 분(4.5점 만점 환산)
병역필 또는 면제자로 해외여행에 결격사유가 없는 분
어학자격을 보유하신 분(OPIc 및 토익 스피킹에 한함)
지원직군별 지원가능 최소등급 ※NH(OPIc), 4급(토익 스피킹)
(자세한 내용은 삼성채용홈페이지(http://careers.samsung.co.kr/careers/main.do)를 참조)

지원 방법
삼성그룹 홈페이지에 로그인하여 지원서를 작성

전형 절차
직무적성검사 → 면접 → 건강검진

전형 일정
지원서 접수: 3월 11일(수)~20일(금)
삼성직무적성검사: 4월 12일(일)
면접전형: 4~5월 중
면접 합격자 발표 및 건강검진: 5월 말 이후

삼성그룹 계열사

전자

삼성전자
삼성디스플레이
삼성SDI
삼성전기
삼성SDS
삼성코닝어드밴스드
글라스

중공업 · 건설

삼성중공업
삼성물산
건설부문
삼성엔지니어링

화학

삼성정밀화학
삼성BP화학

금융

삼성생명
삼성화재
삼성카드
삼성증권
삼성자산운용
삼성벤처투자

서비스

삼성물산 상사부문
제일모직
호텔신라
제일기획
에스원
삼성경제연구소
삼성의료원
삼성바이오로직스
삼성바이오에피스
삼성웰스토리

SAMSUNG

세계 일류 IT기업
삼성전자

삼성전자는 대한민국 최대의 IT기업입니다. 가전제품부터 스마트폰, 디스플레이 그리고 전자제품의 꽃이라 할 수 있는 반도체까지 전자제품의 모든 영역을 아우르고 있습니다. 각 영역에서 대한민국을 넘어 전 세계를 무대로 1위 경쟁을 하고 있지요. 이는 미래를 보고 과감하게 투자하는 진취적인 경영, 성과와 보상 관리가 철저한 삼성의 기업문화에서 비롯된 것입니다.

01

IT제품 모든 영역을
아우르는 삼성전자

삼성전자는 대한민국 최대 IT제품 기업이다. 매출액과 시가총액 기준 IT·하드웨어 기업 중 세계 1위로서 글로벌 위상도 매우 높다. 디램DRAM, 낸드NAND 메모리 반도체는 장기간 세계 1위를 유지하고 있다. 스마트폰, 아몰레드AMOLED 디스플레이, TV 등의 시장점유율도 세계 1위다.

삼성전자는 한국과 소비자가전(Consumer Electronics, 이하 CE), IT모바일(Information Technology & Mobile Communication, 이하 IM)부문 산하 해외 9개 지역 총괄과 전자부품(Device Solution, 이하 DS)부문 산하 해외 5개 지역 총괄 등 158개의 동종 업종을 영위하는 종속 기업들로 구성되어 있다.

CE부문은 TV를 비롯하여 모니터, 냉장고, 세탁기, 프린터 등을 생산·판매하고, IM부문은 스마트폰, 네트워크 시스템, 컴퓨터 등을 생산·판매한다.

DS부문은 반도체와 디스플레이로 나뉘어 제품을 생산·판매한다. 반도체 사업은 메모리반도체와 시스템반도체(시스템LSI) 제품들을 생산·판매한다. 메모리반도체는 데이터를 저장하는 DRAM, NAND 등이고, 시스템반도체는 사람의 두뇌처럼 데이터를 처리하는 모바일AP, CIS(CMOS Image Sensor)와 같은 제품이다. 디스플레이 사업은 TV, 모니터, 노트북PC, 모바일 등에 사용되는 TFT-LCD와 유기발광다이오드 OLED 디스플레이 패널을 생산·판매하고 있다.

Fig 01
삼성전자 사업부문별 주요 제품

사업부문			주요 제품
CE(소비자가전)			TV, 모니터, 냉장고, 세탁기, 프린터 등
IM(IT모바일)			스마트폰, 네트워크 시스템, 컴퓨터 등
DS (전자부품)	반도체	메모리반도체	DRAM, NAND 등
		시스템반도체 (시스템LSI=비메모리반도체)	모바일 AP, CIS, DDI 등 비메모리 제품 생산과 파운드리 서비스 제공
	DP(디스플레이, 광학반도체)		TFT-LCD, OLED 등

삼성전자의 세계 1위 제품을 중심으로 이해도를 높여봅시다.
일본 니혼게이자이 신문이 50개 주요 상품을 대상으로 2012년

세계시장점유율을 조사한 결과 한국이 8개 품목에서 1위를 차지하였습니다. 이 중에서 6개를 삼성전자가 차지했는데, 구체적으로는 휴대전화 단말기(24%), 스마트폰(30%), DRAM(41%), 박형TV(28%), NAND플래시(37%), OLED패널(94%) 등입니다. 세탁기 등의 가전과 미러리스 카메라 부문에서도 2015년과 2016년 사이 세계 1위 등극을 노리고 있습니다. 시장에서는 특히 반도체 전체(메모리+비메모리)부문에서는 2017년이면 1위 인텔을 넘어설 것으로 예상하고 있습니다. 삼성전자가 세계 1위를 처음 달성한 것은 1992년 DRAM부문에서였습니다. 이후 2002년부터 최근까지 해마다 세계 1위 품목이 나올 정도로 놀라운 모습을 보여주고 있습니다. 이런 주요 품목들에 대한 이해도를 어느 정도 높여둔다면 삼성전자 입사를 준비하는 데 도움이 될 것입니다.

관련 자료 찾아보기 ❶
검색 키워드, '삼성전자 세계 1위'

'삼성전자 세계 1위'를 키워드로 관련 자료들을 탐색해보기 바랍니다. 각 품목별로 글로벌 기업들과의 치열한 경쟁 스토리를 정리해보고 간단하게나마 시사점도 파악해보기 바랍니다. 물론 남다른 기술 개발 노력의 결과겠지만, 시장과 산업을 바라보는 삼성전자만의 시각이나 전략을 파악해볼 필요가 있습니다. 그런 탐색을 통해 삼성전자가 가치를 유지하려는 회사인지 아니면 가치를 창출하려는 회사인지를 판단해보기 바랍니다. 만일 가치를 창출하려는 회사라면 어떤 부분에서 그것을 확인할 수 있는지 생각해보기 바랍니다. 삼성전자 지원자는 이 내용을 지원 동기나 직무에세이 작성에 적용할 수 있습니다.

02

글로벌 IT경영의
선두

스마트폰을 선두에 세운 매출 구조

2015년 삼성전자의 실적은 과거 대비 좋지 못하다. 분기 영업이익은 2013년 3분기 10조 1,000만 원을 찍고 하향세다. 가장 큰 원인은 스마트폰 판매 부진이었다. 2014년 들어 스마트폰 매출 성장세가 둔화되고 있다. 중저가 스마트폰시장에서는 중국 업체에, 고가 스마트폰시장에서는 애플에 시장점유율을 뺏기고 있기 때문이다.

2014년 기준 삼성전자 전체 매출 중 41%는 스마트폰, 24%는 가전, 19%는 반도체 사업이 차지하고 있다. 반도체 사업은 스마트폰 사업보다 영업이익률이 높다. 스마트폰 판매가 부진해지자 반도체 부문의 중요성이 더 커지고 있다.

미래가치 창출을 위한 끊임없는 투자

삼성전자의 재무구조는 매우 양호하다. 2014년 말 기준 현금성 자산이 62조 원에 달한다. 2014년 CAPEX(Capital expenditure, 미래의 이윤을 창출하기 위해 지출된 비용)는 23조 원 수준이다. 영업이익과 투자금액을 감안했을 때, 과도하다는 이야기가 나올 정도로 현금성 자산이 많다. 이런 까닭에 시장에서는 현금을 일부 주주들에게 환원하라는 요구가 많다. 삼성전자는 이에 부응해 2014년 배당을 늘렸다. 보통주 기준 중간배당을 500원, 결산배당을 1만 9,500원으로 시행하여, 배당금 총액이 2조 9,999억 원에 달했다. 하지만 여전히 시가배당률은 1%대고, 시장의 배당 증액 요구가 지속될 가능성이 높다. 하지만 삼성전자는 미래의 먹거리를 만들기 위한 투자가 필요하기 때문에 배당보다는 투자에 초점을 맞추겠다고 언급한 바 있다.

삼성전자의 재무건전성 역시 양호하다. 2014년 말 기준 부채비율은 37%에 불과하다. 현금에서 차입금을 뺀 순현금이 51조 원에 달한다. 이처럼 막대한 현금 동원력을 바탕으로 가능성 있는 기업을 발굴해 인수합병하는 활동을 활발히 하고 있다. 삼성전자가 이미 하드웨어 경쟁력이 높기 때문에, 인수합병 대상이 되는 기업들은 주로 소프트웨어 기업들이다.

삼성그룹의 지배구조

삼성전자의 최근 경영상 이슈는 지배구조다. 이건희 회장에서 이재용 부회장으로 삼성그룹 경영권이 이전 중이다. 하지만 그룹의 핵심 계열사인 삼성전자는 이재용 부회장의 지분이 거의 없다. 삼성그룹 경영권은 삼성전자를 안정적으로 지배하는 것에서 나오므로, 시장에서는 이재용 부회장이 삼성전자에 대한 지배력을 어떻게 확보할 것인지에 대한 관심이 많다.

삼성전자의 주요 지배주주는 이건희(3.38%), 삼성물산(4.06%), 삼

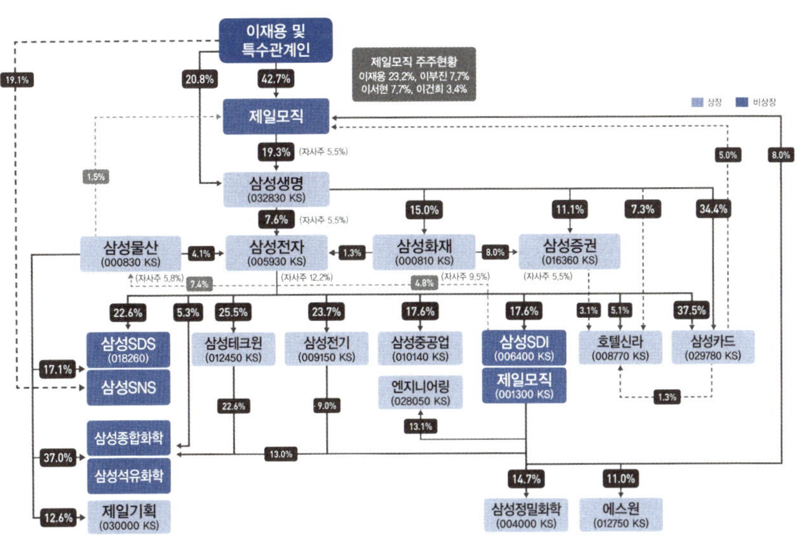

Fig 02

삼성그룹 지배구조

성생명(7.21%), 국민연금(7.58%) 등이다. 삼성생명의 대주주는 이건희(20.76%), 제일모직(19.34%)이다. 제일모직의 대주주는 이재용(23.23%)이며 삼성물산의 대주주는 삼성SDI(7.18%)다. 2015년 들어 제일모직과 삼성물산은 합병을 추진 중이다.

이재용 부회장은 삼성전자에 대한 이건희 회장의 지분을 상속세를 납부하고 승계할 것으로 예상된다. 삼성물산이 보유한 지분과 삼성생명이 보유한 지분에 대한 영향력은 삼성물산과 삼성생명의 대주주 제일모직이 합병하면서 확보할 것으로 예상된다. 2015년 거론되고 있는 삼성생명 관련 중간금융지주회사법(금융회사가 아닌 지주회사가 산하에 중간금융지주회사와 자회사 그룹을 둘 수 있게 허용하는 법안)의 향방이 변수다.

멘토의 Tip ② 삼성전자의 글로벌 위상과 노력 알아보기

삼성전자의 글로벌 위상, 그리고 애플과 구글을 넘어서기 위한 노력들을 알아봅시다.

삼성전자가 과거 최고의 수익을 거둔 것은 2013년 3분기에 10조 원의 영업이익을 달성했을 때입니다. 금융시장에서는 이 때를 기준으로 삼성전자의 향후 주가 추이를 가늠하기도 합니다. 즉 분기당 10조 원을 회복하지 못하면 주가도 역사적 고점인 158만 원 수준을 넘어서기 어렵다고 보는 것입니다. 하지만 삼성전자의 이러한 주가 평가는 미국이 아닌 대한민국 기업이라는 점이 불리하게 작용되는 부분도 분명히 존재합니다. 삼성전자가 2013년 3분기에 달성한 분기당 영업이익 10조 원을 1년으로 환산하면 약

40조 원입니다. 당시 기준으로 삼성전자의 시가총액은 약 250조 원인데, 만일 누군가가 250조 원을 들여 삼성전자를 인수한다면 대략 6년이면 본전을 다 뽑을 수 있다는 의미입니다. 만일 이런 기업이 미국 기업이었다면 경영 프리미엄을 훨씬 높게 평가받았을 것입니다.

삼성전자와 함께 늘 비교되는 기업은 애플과 구글인데 이들 기업의 시가총액도 잘 체크해두기 바랍니다. 참고로 애플은 2015년 7월 기준으로 약 7,600억 달러(원/달러 환율 1,170원 적용시 약 890조 원)를 기록하였고 이후 조정 국면을 보이고 있습니다. 구글은 2015년 7월 기준으로 약 4,600억 달러(약 530조 원)로 애플에 비해서는 작지만 시장 전문가들은 2020년 정도면 오히려 애플을 넘어설 것으로 전망하고 있습니다. 2013년 기준으로 애플의 매출은 1,709억 달러, 순이익은 370억 달러인데, 구글은 동기간 매출 555억 달러, 순이익 129억 달러로서 매출과 수익에서 애플에 밀립니다. 하지만 시장에선 콘텐츠, 로봇공학, 자동화, 사물인터넷, 운영체제(OS) 등에서 구글의 경쟁력을 높이 평가하고 있습니다. 여러분들도 삼성전자가 애플이나 구글의 시가총액을 따라 잡기 위해서 어떤 노력과 비즈니스 구조가 필요할지 다각도로 생각해보기 바랍니다.

03

철저한 성과와
보상 관리 문화

삼성은 과거 '관리의 삼성'이라고 불리었다. 조직에 대한 매우 치밀하고 세심한 관리가 삼성그룹의 성공 요인이었다. 업계 동향에 대한 정보 수집도 매우 치밀하다. 삼성전자와 일을 해보면 확실히 정보력에 있어 경쟁사 대비 매우 앞서 있다는 느낌을 받는다.

과거 전근대적인 기업문화가 일반적이었을 때는 대부분 기업들 간 거래가 투명하지 못했다. 또 회사의 이익보다는 개인의 이익을 우선시하는 경우가 많았다. 하지만 당시에도 삼성전자는 부조리가 최대한 배제된 매우 깨끗한 조직문화로 유명했다.

'성과가 있는 곳에 보상이 있다'라는 말이 바로 삼성전자의 조직문화를 상징하는 말이다. 삼성전자는 성과인센티브(OPI, 구 PS)와 목표인센티브(TAI, 구 PI)를 과감하게 시행한다. 삼성전자 직원들은 성과가 좋을 경우 성과인센티브를 최대 연봉의 50%까지 받을 수 있다. 실제로 삼성전자 주요 사업부 직원들은 국내 대기업 중 가장 높은 수준의 연봉을 받고 있다.

성과가 탁월한 직원에 대한 보상이 가장 확실한 국내 기업도 삼성전

2014년 경영인 연봉 순위

이름	직책	연봉
신종균	삼성전자 사장	145억 7,000만 원
권오현	삼성전자 부회장	93억 9,000만 원
윤부근	삼성전자 사장	55억 원
이봉관	유성티엔에스 이사	52억 4,000만 원(47억 원)
조성철	제로투세븐 사장	50억 8,000만 원
경청호	전 현대백화점 대표	49억 9,000만 원(47억 5,000만 원)
김반석	LG화학 이사회 의장	48억 7,000만 원(41억 9,000만 원)
이석우	다음카카오 대표	42억 5,000만 원
정준양	포스코 전 회장	40억 원(32억 원)
김인권	현대홈쇼핑 대표	49억 9,000만 원(47억 5,000만 원)
전필립	파라다이스 회장	33억 6,000만 원
이상훈	삼성전자 사장	38억 6,000만 원
이재성	전 현대중공업 회장	37억 원(24억 4,000만 원)
박상진	전 삼성SDI 대표	34억 4,000만 원(8억 4,000만 원)
이희상	엔씨소프트 부사장	32억 9,000만 원
강대관	현대HCN 대표	32억 5,000만 원(17억 4,000만 원)
하영봉	LG상사 사장	30억 5,000만 원(28억 4,000만 원)
박승하	전 현대제철 부회장	28억 8,000만 원
신판국	한국특수형강 이사	28억 7,000만 원(10억 3,000만 원)
김창근	SK이노베이션 의장	27억 7,000만 원
박상진	전 삼성SDI 사장	26억 4,000만 원
김 신	삼성물산 대표	24억 4,000만 원
서승화	한국타이어 부회장	23억 8,000만 원
이상철	LG유플러스 부회장	21억 8,000만 원
최치훈	삼성물산 대표	20억 1,000만 원

주: 괄호 안은 퇴직금
자료: fngenii.com

자다. 2014년 기준 샐러리맨 연봉 순위 1~3위는 모두 삼성전자 경영 진이다. 신종균, 권오현, 윤부근 사장은 55억 원에서 146억 원이라는 천문학적인 연봉을 수령했다.

삼성전자는 회사에 기여하지 못하는 직원에게는 확실한 제재를 가 하지만, 성과가 좋을 경우는 그 어떤 회사보다도 높은 보상을 준다. 이 러한 시스템이 삼성전자를 글로벌 탑 IT기업으로 성장하게 만든 가장 주요한 요인이라고 생각한다.

멘토의 Tip ❸ 삼성전자 조직문화에 알맞은 태도 견지하기

삼성전자 취업 준비를 할 때 '두루뭉술함'을 가장 경계합시다.

삼성전자 취업을 준비하기 위해 기업문화를 이해하는 일은 무엇 보다 중요합니다. 삼성전자의 기업문화에 대해서는 여러 얘기가 있을 수 있겠지만, 일단 '두루뭉술함'을 가장 경계해야 할 것 같습니다. 삼성전자의 성과체계만 보아도 알 수 있습니다. 두루뭉술함의 반대 개념은 '엣지'일 것 입니다. 즉 사물을 보는 자신만의 시각과 정돈된 지식이 있어야 한다는 의 미입니다.

그리고 하나 더 필요한 것이 '인내와 끈기'입니다. 이병철 선대회장의 인 재론을 살펴보면 분명하게 알 수 있습니다. 지금까지 삼성전자가 달성해 온 결과들이 이를 증명하고 있습니다. 아무도 가능할 것이라고 예상하지 않던 시장에 들어가 예리한 판단력과 남다른 노력으로 일궈낸 것이지 그 냥 운 좋게 얻은 결과가 아닙니다. 이런 성장스토리를 갖고 있는 기업이라 면 당연히 조직원들에게 경쟁에서 이길 수 있는 툴Tool과 조직을 위해 희생

하겠다는 태도Attitude를 동시에 강조할 수밖에 없습니다. 참고로 툴은 경쟁사를 이길 수 있는 기술 경쟁력이 으뜸이지만, 취준생 입장에서는 시장동향이나 산업 흐름을 잘 이해하는 것도 자신의 툴이므로 이를 면접과 자기소개서에 잘 보여주는 것이 좋습니다. 본서의 다양한 내용을 잘 활용하여 자신의 역량을 이런 요소에 맞춰보기 바랍니다.

관련 자료 찾아보기 ❷
검색 키워드, '삼성전자 인재상'

'삼성전자 인재상'을 키워드로 관련 내용들을 챙겨보기 바랍니다. 다만 온라인이나 언론에 소개되어 있는 인재상은 다소 모호하고 거대담론적 표현이 많습니다. 진심, 솔직함, 스토리 등을 담으라고 하지만 구체적으로 어떻게 접근해야 할지 고민이 될 수밖에 없습니다. 대안이 적절치 않다면, '바로취업 시리즈'의 총론서 〈나만의 콘텐츠로 원하는 회사 바로 간다〉를 참고해보기 바랍니다.

SAMSUNG

반도체:
삼성전자가 일류 기업일 수밖에 없는 이유

삼성전자는 끊임없는 혁신과 도전으로 오늘날 반도체 분야에서 세계 NO.1 기업이 되었습니다. 삼성전자에 여러 사업 분야가 있지만, 사실상 반도체 회사라고 할 수 있을 정도로 사업에서 반도체가 차지하는 비중이 큽니다. 그러므로 기술 연구개발 영역의 지원자가 아닐지라도 삼성전자에 지원하려면 반도체의 기본 개념들과 생성 과정, 작동 원리를 가볍게라도 이해하고 있을 필요가 있습니다.

01

과감한 승부수로 시작된
삼성전자 반도체 역사

　　　　　　　　삼성전자 반도체부문 역사는 1974년 12월, '한국반도체' 인수로 시작된다. 미국과 일본은 1950년대에 이미 반도체산업을 시작했으니, 그들에 비하면 늦은 출발이었다. 한국반도체는 1974년 1월, 당시 통신장비 수입사였던 KEMCO와 미국 ICII의 50대 50 합작으로 설립된 업체였다. 한국반도체는 여러 가지 문제로 설립 직후부터 자금상 어려움을 겪게 되었다. 당시 시장 불확실성 때문에 다들 투자를 꺼리는 분위기였으나, 삼성전자는 어려움을 겪고 있는 한국반도체를 1974년 12월에 과감하게 인수했다. 한국반도체는 피인수 이후 삼성전자 반도체 사업부로 개편되었다. 삼성전자 반도체 사업부는 1970년대 내내 자체 기술 부족으로 어려움을 겪었다.

　1983년 2월, 삼성반도체통신은 반도체부문에 대한 대규모 투자 및 제품 개발 계획을 발표했다. 이를 통해 그동안의 사업 부진을 정면으

1974년 한국반도체 인수 후 당시 현장

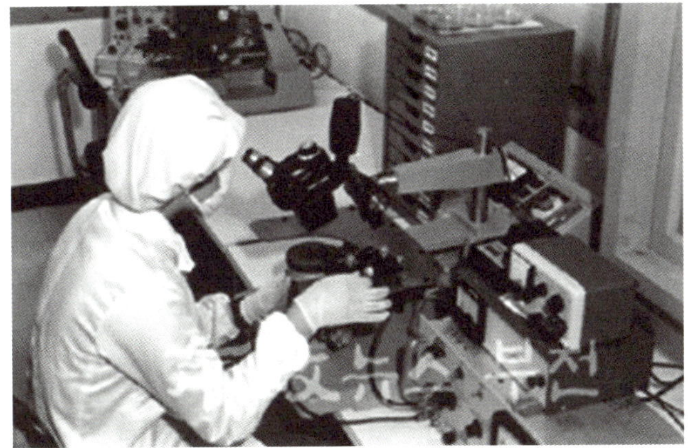

자료: 삼성전자

로 해결하고자 했다. 첫 도전 제품은 64K DRAM이었다. 당시 국내 반도체산업은 기술 수준이 매우 낮아 미국, 일본 등에서 전前공정이 이루어진 제품을 매입해서 후後공정과 조립작업 정도를 하고 있었다. 이렇게 기술 수준이 낮은 상태이다 보니 삼성전자의 야심찬 계획에 시장은 비관적인 전망을 많이 했다. 그러나 삼성전자는 개발 착수 6개월 만인 1983년 12월, 64K DRAM 개발에 성공했다. 미국, 일본과 10년 이상 차이가 났던 기술을 단숨에 4년 수준으로 단축한 것이다. 도전정신으로 무장하고 기술혁신을 위해 과감하게 투자한 결과 이루어낸 성과였다. 이어 대규모 투자도 집행하고, 경기도 기흥에 DRAM을 양산하기 위한 공장을 짓기 시작했다. 1988년에는 반도체 사업 시작 이후 첫 흑자를 낸다. 그해 삼성반도체통신은 삼성전자와 합병한다.

삼성전자 64K DRAM 세계 최초 개발

자료: 삼성전자

삼성전자 반도체는 합병 이후 더 큰 도약을 시작했다. 1990년대 초반 세계시장의 선두 그룹에 합류했고, 1992년에는 일본 업체들을 제치고 64M DRAM을 세계 최초로 개발했다. 이후 256M, 1G DRAM 역시 세계 최초로 개발했다. 이후 현재까지 신제품 개발 속도에서 세계 1위의 위치를 꾸준히 놓치지 않고 있다.

2002년부터는 모바일 기기 데이터 저장에 주로 사용되는 NAND플래시를 양산하기 시작했다. 2000년대 후반부터는 메모리반도체 대비 상대적으로 위상이 낮았던 비메모리반도체인 AP(Application Processor, 스마트폰, 디지털TV 등에 사용되고, 일반 컴퓨터의 CPU와 같은 역할을 한다.)와 파운드리(Foundry, 반도체직접회로생산) 등 시스템LSI(Large Scale Integration)부문에서도 대규모로 투자하며 두각을 나타내기 시작하고 있다.

국가별 DRAM시장 점유율 – 1980년대 중반 이후 우리나라 가파른 성장세 보여

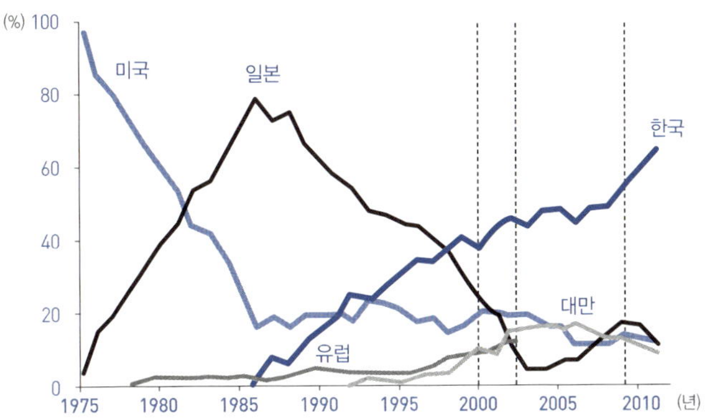

자료: Industry Data

멘토의 *Tip* ④　　　　　삼성전자 반도체 역사 알아보기

삼성전자 40년 반도체 역사를 알아봅시다.

삼성전자 반도체는 40여 년의 역사를 지니고 있습니다. 1974년 '한국반도체' 인수를 시작으로 약 10년 만인 1983년 말 64K DRAM 개발에 성공했습니다. 이는 미국, 일본과의 기술 격차를 4년 이내로 축소시킨 최초의 의미 있는 사건이었습니다. 그로부터 약 10년 후 1992년 세계 최초로 64M DRAM 개발에 성공하면서 드디어 미국과 일본 기술을 추월하기 시작했으며, 이후 20여 년이 지난 최근까지 선두 자리를 여전히 지키고 있습니다. 한편, 삼성전자는 1990년대 중반부터는 비메모리반도체인 시스템반도체, 즉 시스템LSI 사업에 본격적으로 뛰어듭니다. 전기, 전자, 모바일, 자동차 등에서 연산과 제어기능을 요하는 시스템반도체 수요가 계속 증가하고 있기 때문입니다. 애플 아이폰5S의 경우 메모리반도체가

3개 들어가는 것에 비해 시스템반도체는 18개가 들어갈 정도니까 시스템 반도체시장을 절대 외면할 수 없습니다. 2015년 현재 세계 반도체시장에서 메모리반도체는 약 20%를 차지하고 있는데, 삼성전자와 SK하이닉스의 독주(2014년 기준 63% 차지)가 지속되고 있습니다. 다만, 세계 시스템반도체시장에서 국내 업체들의 비중은 2014년 기준 약 4%로 향후 기술과 자본 투자가 지속적으로 필요합니다. 아무튼 삼성전자의 새로운 미래를 밝혀줄 시장임은 분명합니다.

관련 자료 찾아보기 ❸
검색 키워드, '메모리반도체'와 '시스템반도체'

'메모리반도체'와 '시스템반도체'를 키워드로 관련 내용을 정리해보기 바랍니다. 메모리반도체는 크게 RAM(휘발성)과 ROM(비휘발성)으로 구분되고 RAM은 다시 DRAM과 SRAM으로 나뉩니다. ROM은 플래시로 진화하여 조직 구성에 따라 NAND와 NOR로 나뉩니다. 시스템반도체는 비메모리반도체로서 시스템LSI라고도 하고, 특성에 따라 네 가지 형태가 있습니다.

① 마이크로컴포넌츠반도체로서 전자제품의 두뇌 역할을 하는 MPU, MCU, DSP 등이 있고, 보통 줄여서 '마이컴'이라고 부릅니다. ② 아날로그IC로서 음악과 같은 아날로그 신호를 컴퓨터가 인식할 수 있는 디지털 신호로 바꿔주는 반도체입니다. ③ 로직IC로서 AND, OR, NOT 같은 논리회로로 구성되며 제품의 특정 부분을 제어하는 반도체입니다. ④ 광학반도체인데 빛을 전기신호로 변화해주거나 전기신호를 빛으로 변환해주는 반도체입니다. 광학반도체는 이미지 센서와 TV에도 사용되는 LED(발광다이오드)로 나뉩니다.

삼성전자 반도체 비즈니스를 이해하기 위해서는 먼저 반도체 종류별로 각각의 특징 정도는 암기하고 면접에 임할 필요가 있겠습니다.

세계 반도체시장에서의
위상

삼성전자가 반도체부문에서 생산하는 제품들은 DRAM, NAND, AP, CIS, OLED 등이 있다. 2014년 기준 삼성전자의 제품별 매출과 세계시장 점유율은 다음과 같다.

삼성전자 반도체부문 매출에서 큰 비중을 차지하는 것은 메모리반도체로서 DRAM 매출액은 18조 9,000억 원, 시장점유율 50%로 세계 1위, NAND 매출액은 9조 7,000억 원, 시장점유율 26%로 역시 세계 1위다.

비메모리반도체 AP 매출액은 5조 3,000억 원, 시장점유율 14%로 세계 4위, CIS는 매출액 1조 7,000억 원, 시장점유율 5%, 파운드리에서는 매출액 2조 4,000억 원, 시장점유율 6%를 기록했다.

메모리반도체에서는 매출액 기준 확고한 세계 1위를 장기 유지하고 있다. 하지만 AP, 파운드리 같은 시스템LSI 분야에서는 아직 세계 선두권과는 다소 격차가 존재한다.

업체별 DRAM시장 점유율

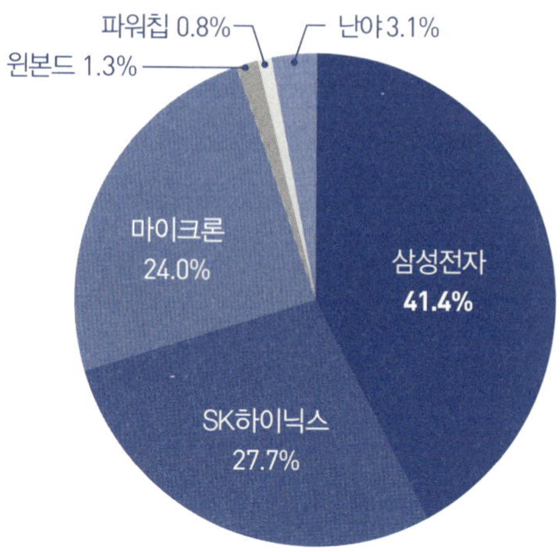

자료: DRAMExchange

업체별 NAND시장 점유율

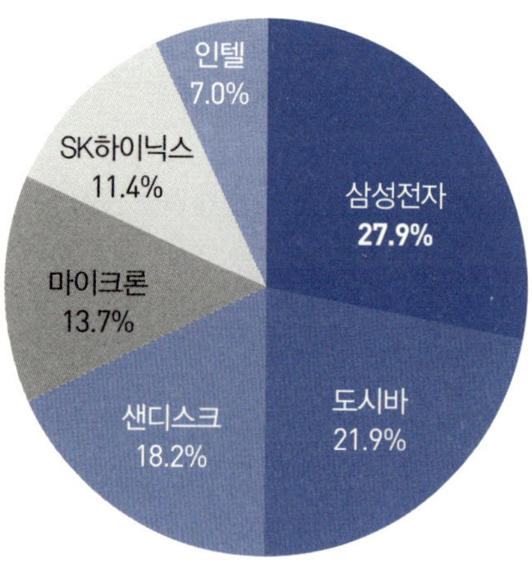

자료: DRAMExchange

 **주요 반도체별 연간 매출액과 세계시장점유율을 살펴봅시다.**

삼성전자의 주요 반도체별 연간 매출액 규모와 세계시장에서 차지하는 비중 정도는 숙지해두기 바랍니다. 특히 메모리반도체 분야는 압도적인 위치에 있는 만큼 관련 통계를 잘 챙겨야 하겠습니다. 다만, 비메모리반도체는 앞으로 인텔, 퀄컴, 마이크론 등과 지속적인 경쟁을 해나가야겠지만 '모바일과 사물인터넷시장의 활성화'라는 미래를 전제할 때 중요한 분야이므로 관련 동향을 잘 체크해둘 필요가 있습니다.

관련 자료 찾아보기 ④
검색 키워드, '시스템반도체시장'

'시스템반도체시장'을 키워드로 관련 동향을 살펴보기 바랍니다. 우리 주변의 전자 및 모바일 기기에는 메모리보다 비메모리인 시스템반도체가 훨씬 많이 사용됩니다. 면접장에서도 이런 시장 흐름을 반영하여 시스템반도체에 대한 기본적인 이해도를 체크해볼 수 있다 전제하고 공부해보기 바랍니다.

03

반도체의 발달 역사

컴퓨터, 스마트폰 등 IT 기기는 전기통신으로 작동한다. 전기통신을 위한 부품은 전기가 잘 통하는 물질로 제조되어야 하는데, 그 물질은 전기가 통하는 정도에 따라 도체, 반도체, 부도체로 구분된다. 전기나 열이 잘 통하는 물질은 도체, 잘 통하지 않는 물질은 부도체다. 반도체는 도체와 부도체의 중간 정도 성질을 보이는 물질이다. 그러므로 상태에 따라서 전기나 열이 통할 때도 있고 통하지 않을 때도 있다.

도체는 전기가 잘 통한다는 장점이 있지만 인위적으로 동작을 조절하기 힘들다. 반면 반도체는 물질의 특성 조절이 용이해서 원할 때만 전기를 흐르게 할 수 있다. 이런 특성 때문에 전기통신에서 반도체를 주로 사용한다.

반도체는 원소Elemental반도체와 화합물Compound반도체 이렇게 2종류

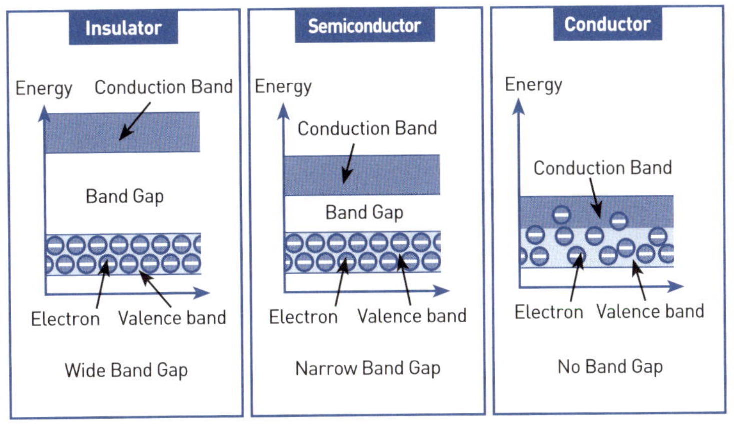

자료: Powerguru

가 있다. 현재 주로 사용하는 것은 실리콘과 게르마늄 반도체 같은 원소반도체다. 초창기에는 게르마늄 반도체를 주로 사용했지만, 게르마늄이 80℃ 정도에서 파괴된다는 점 때문에 180℃ 정도에서도 견딜 수 있는 실리콘 반도체를 주로 사용한다.

전기통신을 사용하려면 전기신호를 먼 곳까지 전송하기 위해 증폭시키는 것이 필요하다. 초창기에는 증폭기로 진공관을 사용했었다. 하지만 진공관은 부피가 크고 무거운 데다 내부 필라멘트의 수명이 짧다는 단점이 있었다. 인류 최초의 컴퓨터 에니악ENIAC도 진공관을 사용했었다. 에니악의 무게는 자그마치 50톤에 달했고, 부피는 280제곱미터에 육박했다. 이런 문제를 해결하기 위해 개발한 것이 반도체다. 반도체를 내부 부품용으로 사용한 제품에 다이오드와 트랜지스터가

전기통신 초창기 전기신호 증폭장치였던
다양한 진공관

자료: 위키피디아

인류 최초의 컴퓨터, '에니악'

자료: Louisproyect.org

있다. 이 제품들은 1948년, 벨 연구소의 윌리엄 쇼클리, 존 바딘, 월터 브래튼이 진공관의 필라멘트를 반도체가 대체하도록 개발했다. 특히 트랜지스터의 개발로 컴퓨터는 보다 작은 크기, 긴 수명을 가지게 되었고 가격도 낮아졌다.

트랜지스터는 집적회로(IC: Integrated Circuit)로 발전한다. 집적회로는 트랜지스터 몇 만 개를 한 개의 칩에 집적해놓은 반도체다. 집적회로는 1958년 텍사스인스트루먼트Texas Instruments의 잭 킬비가 개발했다. 집적회로는 집적도가 증가하면서 SSI(Small Scale Integration), MSI(Medium Scale Integration), LSI(Large Scale Integration), VLSI(Very Larger Scale Integration), ULSI(Ultra Large Scale Integration)로 발전했다.

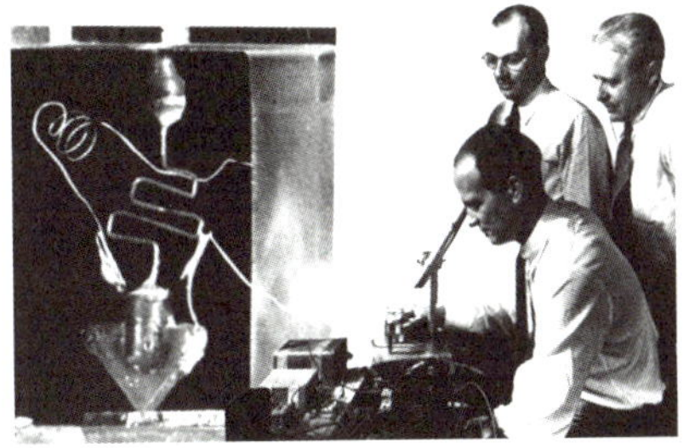

자료: physics.mcmaster.ca

자료: TI

멘토의 *Tip* ⑥ — 기술 용어에 대해 정리하기

R&D 직무가 아닌 이상 기술의 상세 내용보다는 간단한 개념과 원리 이해 중심으로 접근해봅시다.

이과 전공자라면 화학 원소 같은 반도체 관련 용어가 덜 낯설겠지만 문과 전공자는 어디까지 이해해야 할지 고민될 것입니다. R&D 직무 지원자가 아닌 이상 기술에 대해 간단한 개념과 원리 이해 중심으로 접근하면 됩니다. 다만, 산업에서 자주 사용되는 용어는 숙지하면 좋겠습니다. 본서의 주요 제목에서 다뤄지는 용어들은 입사 후 사무실이나 생산현장에서 일상적으로 사용하는 용어라고 봐야 하기 때문입니다.

기술 용어에 대한 정리는 삼성전자 입사를 준비하는 데 있어 매우 중요할 수밖에 없는데, 다음처럼 정리해보기 바랍니다. 예컨대, '반도체에는 원소반도체라는 것이 있다. 원소반도체는 한 가지 원소로 구성된 반도체로서 실리콘(Si)과 게르마늄(Ge)이 있고, 특히 실리콘은 집적회로(IC)에 가장 많이 사용되고 모래로부터 얻는다'는 식으로 정리해보기 바랍니다. 다만,

원소반도체를 보다 자세히 알기 위해서는 '주기율표 4족' 같은 화학 영역으로 들어가야 하는데, 개인적 관심사가 아닌 이상 취업준비 차원에서는 기본 개념 정도에서 이해하면 충분할 것입니다.

관련 자료 찾아보기 ❺
삼성전자 공식블로그, '삼성반도체 이야기'

삼성전자의 공식블로그인 '삼성반도체이야기(www.samsungsemiconstory.com)'를 방문해서 관련 내용들을 살펴보기 바랍니다. 반도체 뉴스, 반도체 이야기, 반도체 근무환경 이해, 나노시티 이야기 등 카테고리별로 다양한 자료가 게시되어 있는데, 온라인의 다른 어떤 자료들보다 구체적이면서도 쉽게 정리되어 있으므로 꼭 챙겨보도록 합시다.

04

다양한 데이터의 저장과 처리 방식,
다양한 반도체의 용도

반도체는 컴퓨터 등 전자제품에서 주로 사용한다. 컴퓨터는 데이터를 저장하고 연산하고 제어하는데, 이때 데이터 저장을 위해 사용하는 반도체가 메모리반도체다. 메모리반도체는 DRAM, NAND플래시가 대표적이다. DRAM은 속도가 빠르다는 장점이 있지만, 전원이 끊어졌을 때 저장된 데이터가 지워진다는 단점이 있다. 그래서 DRAM은 컴퓨터가 작동하고 있을 때 임시로 자료를 저장하는 데 주로 사용한다. NAND플래시의 장단점은 DRAM과 반대다. NAND플래시는 전원이 끊어져도 데이터를 지속적으로 저장할 수 있지만 속도가 매우 느리므로, 주로 데이터 장기 보관에 사용한다.

데이터 연산 및 제어에 사용되는 반도체는 논리반도체라고도 부르는 시스템반도체다. 시스템반도체는 컴퓨터의 두뇌 역할을 한다. 시스템반도체는 PC와 서버에 사용되는 CPU, 스마트폰에 사용되는 AP

등이 있는데, 메모리반도체보다 훨씬 구조가 복잡하다.

컴퓨터는 기본적으로 디지털로 작동하고, 디지털은 빛, 소리, 온도, 압력 등 자연의 아날로그 신호를 0과 1로 표현한다. 아날로그 신호를 컴퓨터가 인식할 수 있는 디지털 신호로 바꾸어주는 역할도 반도체가 담당한다. 동시에 컴퓨터의 디지털 처리 결과를 인간이 인식할 수 있는 아날로그 신호로 바꾸어주는 역할도 한다.

반도체의 분류 – 삼성전자는 메모리 분야, 특히 DRAM에서 압도적 세계 1위

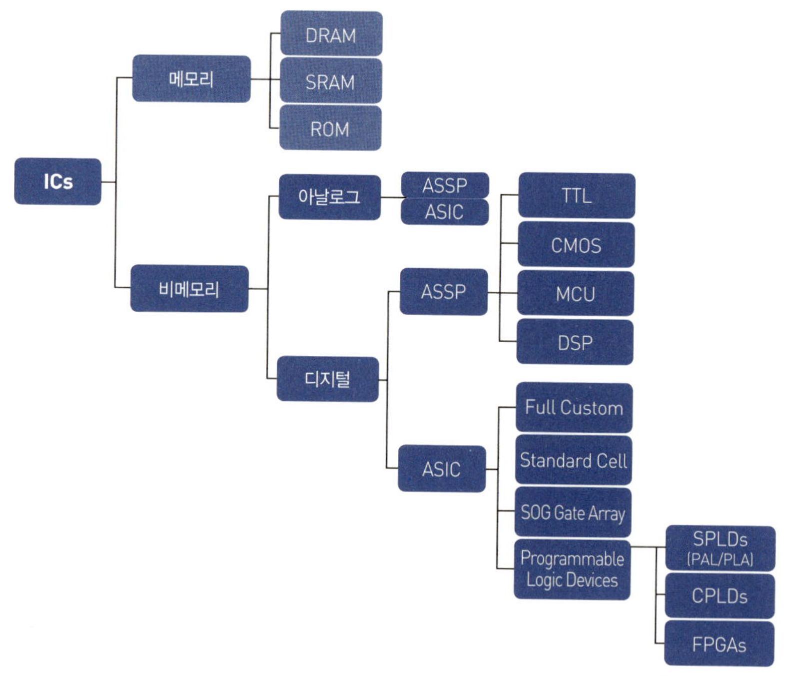

자료: pldworld.com

모바일시대, NAND플래시 반도체에 대한 이해도를 갖춰봅시다.

반도체 하면 자주 언급되는 용어가 바로 DRAM과 NAND일 것입니다. 전원이 꺼졌을 때 기억된 정보를 보존하는지 여부에 따라 메모리와 플래시로 나누고, 플래시는 다시 반도체 칩 내부의 전자회로 형태에 따라 데이터저장(NAND)형과 코드저장(NOR)형으로 나뉩니다. NAND플래시는 저장 단위인 셀을 수직으로 배열(즉 일렬종대 형태)하는 구조여서 좁은 면적에 많은 셀을 만들 수 있습니다. 따라서 대용량화가 가능하여 모바일 기기 및 전자제품의 저장 장치로 사용되고 있습니다. 지금 같은 모바일시대에 NAND플래시 반도체가 갖는 중요성은 매우 크므로, 상식 차원에서 플래시 반도체에 대한 이해도를 갖춰두기 바랍니다.

> **관련 자료 찾아보기 ❻**
> **검색 키워드, '반도체 3D NAND 적층기술'** 

'반도체 3D NAND 적층기술'을 키워드로 관련 내용을 살펴보기 바랍니다. NAND플래시 성능을 높이기 위해 반도체 셀을 수평이 아닌 수직으로 쌓는 기술인데, 이 분야에서 삼성전자가 가장 앞서 있는 상황입니다. 2014년 말 32단 적층제품을 출시한데 이어 2015년 말이면 48단, 2016년 상반기에는 64단 적층제품을 양산할 계획입니다. 이에 비해 경쟁사인 SK하이닉스, 일본 도시바, 미국 마이크론 등의 적층 기술력은 아직 낮은 단계(약 20~30단이 뒤처진 상태)에 머물고 있습니다. 최근 반도체 동향 중에서 매우 중요하게 다뤄지는 내용이므로 참고하기 바랍니다.

실리콘에서 웨이퍼,
그리고 반도체가 되기까지

반도체 제조는 건물을 짓는 것과 유사하다. 우선 설계를 통해 회로 패턴을 만든다. 그 다음 원재료인 웨이퍼wafer 위에 설계한 패턴대로 구조물을 짓는다. 구조물은 패턴을 웨이퍼 위에 찍고 필요한 부분은 물질을 증착시키고, 필요 없는 부분은 식각하면서 만든다. 반도체 제조에서 이러한 공정은 200~300번 반복된다. 웨이퍼 투입에서 출하까지 기간은 2개월 정도다. 공정은 크게 웨이퍼 제조, 포토, 식각, 증착, 이온임플란트, 배선, 테스트, 패키징 등이다.

웨이퍼 제조

반도체 제조는 웨이퍼 제작에서 시작된다. 웨이퍼는 실리콘으로 만들어진 원판 형태로 반도체의 원재료다. 웨이퍼는 LG실트론 같은 웨이퍼 제조사에서 만든다.

웨이퍼 제조과정은 다음과 같다. 실리콘을 도가니에 넣어서 녹이고, 녹은 실리콘을 원기둥 형태로 성장시켜 잉곳(제련된 후 압연이나 단조 등의 가공을 통해 거푸집에 넣어 굳힌 금속덩이)으로 만든다. 그리고 잉곳을 원판 형태로 얇게 잘라서 웨이퍼를 만들고, 웨이퍼 표면을 연마해서 매끈하게 만든다. 웨이퍼 제조사는 삼성전자 같은 반도체 제조회사에 제작이 완료된 웨이퍼를 납품한다.

웨이퍼의 크기가 클수록 한 번에 많은 칩을 생산할 수 있는데, 이 크기가 반도체산업 초창기에는 3인치에 불과했다. 현재는 12인치까지 커져 대부분의 공장에서 12인치 웨이퍼를 사용한다.

Fig 15
실리콘 웨이퍼

자료: apcmag.com

포토공정

　반도체 제조사는 완성된 웨이퍼에 흔히 포토공정을 진행한다. 포토는 가장 중요하고 비용이 많이 투입되는 공정이다. 포토공정은 우선 반도체로 제작할 회로패턴을 5배 수준으로 확대시켜 만들어 놓은 마스크(혹은 레티클)를 제조하고, 제조한 마스크를 포토 장비에 부착시킨다. 그리고 반도체로 만들 웨이퍼 위에 감광액을 바른 후 포토 장비에서 마스크 위에 빛을 쏘는 것이다. 마스크 회로 패턴에 빛이 통과하면 이 빛은 렌즈를 통해 축소되는데, 이 축소된 빛을 웨이퍼에 비추면 웨이퍼 위에 바른 감광액을 빛을 받은 부분만 녹으며 마스크의 회로패턴이 그대로 새겨진다.

Fig 16

포토리쏘그래피(Photo Lithography) 공정

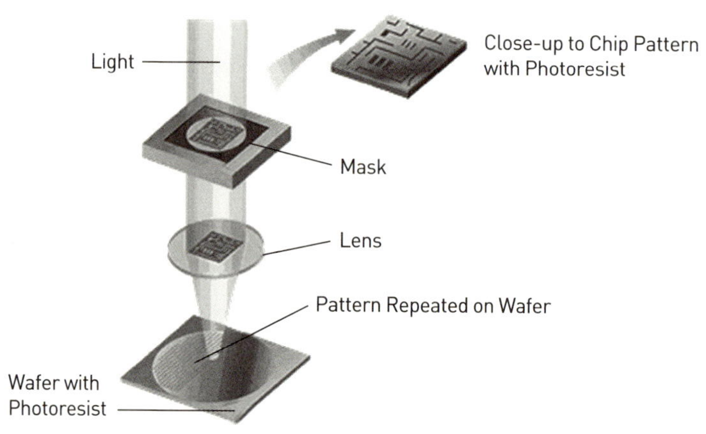

자료: just2good.co.uk

증착

증착Deposition은 필요한 물질을 웨이퍼 위에 만드는 공정인데, 반도체를 작게 만드는 미세공정이 중요해지면서 물질을 얇게 만들어 얹는 기술의 중요성이 높아지고 있다. 증착의 종류는 방법에 따라 PVD(Physical Vapor Depostion), CVD(Chemical Vapor Deposition), ALD(Atomic Layer Deposition)가 있다. CVD는 원재료인 가스를 화학 반응을 통해 입자로 만들어서 웨이퍼 위에 증착시키는 방법인데, 일반적으로 생산성이 높다는 장점 때문에 가장 많이 쓰인다. ALD는 원재료를 원자 단위로 증착하는 방법이라, 원자 단위로 미세하게 증착할 수 있다는 장점이 있다.

Fig 17

PECVD(Plasma Enhanced CVD) 시스템

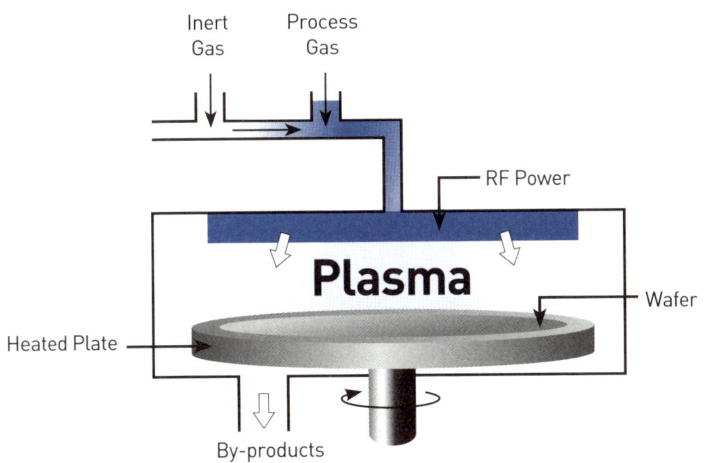

자료: umich.edu

식각

식각Etching은 웨이퍼에 원하는 패턴만 남겨놓고 나머지를 제거하는 공정이다. 식각은 식각 재료에 따라 습식식각Wet Etching과 건식식각Dry Etching이 있다. 습식식각은 식각 재료로 액체를 사용하고, 속도가 빨라 생산성이 높다는 장점이 있다. 단점은 재료가 액체이다 보니 원하지 않는 부분도 녹아 식각 범위를 미세하게 조절할 수 없다. 건식식각은 액체가 아닌 플라즈마를 사용하므로 식각 범위를 미세하게 조정할 수 있다는 것이 장점이다. 하지만 생산성이 낮은 것은 단점이다. 그러나 최근 반도체 미세화가 점점 어려워지면서 건식식각 비중이 크게 증가하고 있다.

습식식각과 건식식각

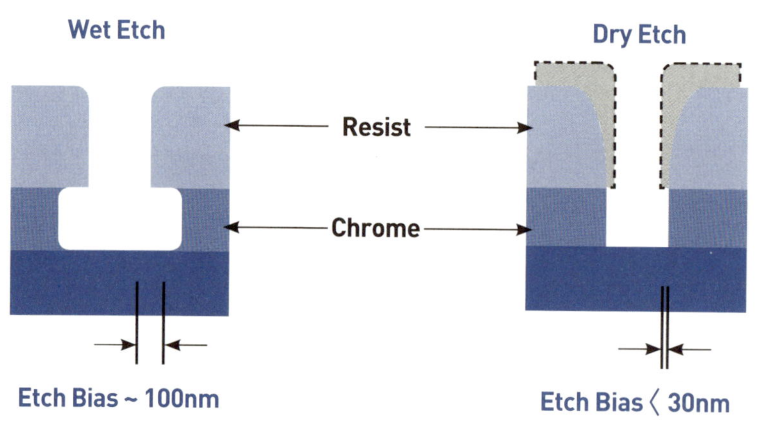

이온임플란트와 배선

실리콘은 평상시에는 전기적인 성질을 띠지 않는다. 이온임플란트 Ion Implant 공정은 반도체에 원하는 전기적 성질을 띠게 하기 위해 입자를 투입시키는 공정이다.

금속 배선 Metal Interconnect 은 웨이퍼 위에 제조가 완료된 소자들을 서로 연결시켜주는 공정이다. 텅스텐, 알루미늄, 구리, 티타늄 등의 금속 재료를 사용하는데, 최근에는 전도성이 좋은 구리 비중이 증가하고 있다. 금속은 웨이퍼에 진공증착 Evaporator, 스퍼터링 Sputtering, CVD 등의 방법으로 부착시킨다. 진공증착은 진공에서 금속을 가열해 증발한 분자를 웨이퍼에 부착시키는 방법이고, 스퍼터링은 낮은 진공에서 플라즈마를 발생시켜 이온화한 가스를 금속 재료인 타깃에 충돌시켜 떨어져 나온 금속 분자를 웨이퍼에 부착시키는 방법이다.

테스트

테스트는 제조가 대부분 완료된 반도체가 원활히 작동하는지 알아보는 공정이다. 테스트의 종류는 크게 3가지이다. 개별 칩으로 분할하기 전 웨이퍼에는 수많은 다이 Die 들이 형성되어 있다. 웨이퍼 레벨테스트는 개별 칩으로 분할하기 전 웨이퍼상의 다이들을 검사하는 공정이 있고, 반도체가 동작할 수 있는 일반 상태보다 훨씬 가혹한 환경에서

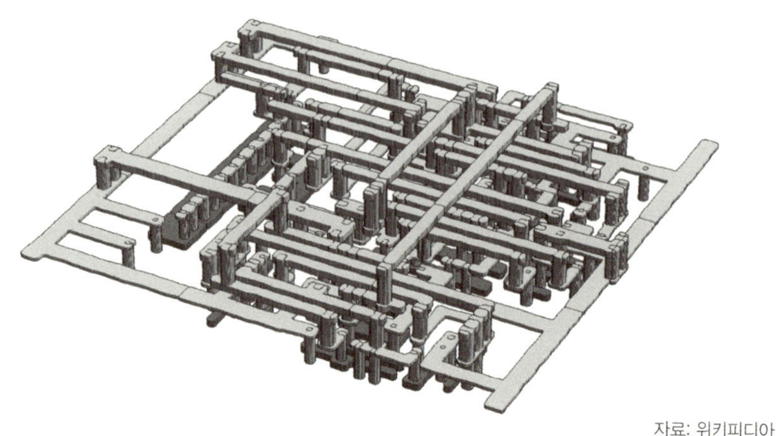

자료: 위키피디아

작동시켜보는 번인Burn-In테스트가 있다. 이는 제조한 반도체의 내구성을 알아보기 위해 시행한다. 패키징Packaging테스트는 다 만들어진 반도체를 고객사에 납품하기 전 마지막으로 동작 여부를 확인하는 용이다.

패키징

패키징은 전 공정이 완료된 웨이퍼를 고객에게 납품하기 위한 최종 칩으로 가공하는 공정이다. 먼저 완성된 웨이퍼를 개별 칩으로 자른다. 칩의 두께를 얇게 하기 위해 웨이퍼 밑을 갈아내고, 자른 칩은 전기가 통하지 않게 에폭시나 세라믹으로 겉을 감싼다. 그리고 칩을 PC나 스마트폰 등 시스템에 부착할 수 있게 외부에 노출된 금속 접점을

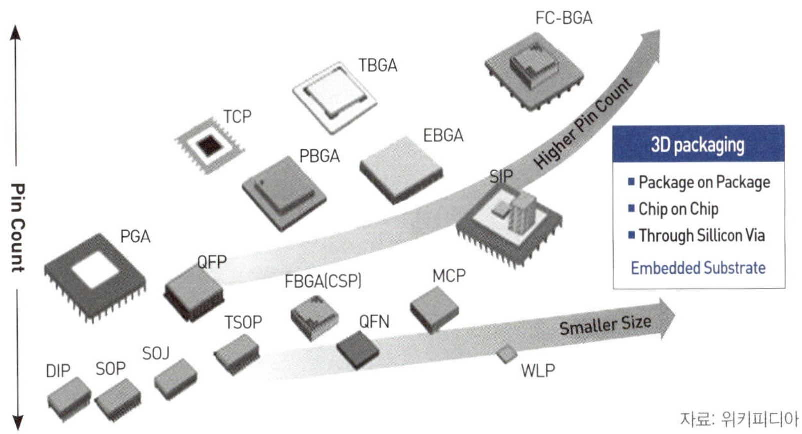

자료: 위키피디아

만들고, 마지막으로 칩의 모델이나 메이커를 구별할 수 있게 겉면에
관련된 정보를 새긴다

멘토의 *Tip* ⑧　　　반도체 공정기술 발전 과정 알아보기

반도체 공정기술의 발전에 대해서도 면밀하게 탐색해봅시다.

2015년은 '무어의 법칙(Moore's law)'이 나온 지 50년이 되는 해입니다. 반도체 집적회로의 성능이 18개월마다 2배로 증가한다는 무어의 법칙은 인텔의 공동 설립자인 고든 무어가 1965년에 내놓은 것입니다. 그만큼 반도체산업에 있어 인텔의 비중은 크다고 해야 할 것입니다. 본서에 기술되어 있는 반도체 제조 공정 외에도 반도체 공정기술의 발전에 대해서도 면밀하게 탐색해보기 바랍니다.

'반도체 공정 발전'을 키워드로 관련 자료들을 체크해보기 바랍니다. 반도체 공정기술은 크게 작동 속도, 미세화, 전력 소모 등의 관점에서 접근해볼 수 있습니다. 인텔, 마이크론, 삼성전자 등 글로벌 반도체 기업들의 반도체 공정 혁신 스토리도 정리해보기 바랍니다. 한편, 반도체 제조 공정에 대한 기본 개요는 온라인 동영상으로도 나와 있을 정도로 자료가 풍부하므로 참고하기 바랍니다.

06

메모리반도체의 핵심, DRAM의 모든 것

컴퓨터와 스마트폰 등의 시스템에서 주로 사용되는 메모리 반도체는 크게 RAM(Random Access Memory)과 ROM(Read Only Memory)으로 나뉜다. RAM은 데이터를 자유롭게 읽고 재기록할 수 있지만 전원이 끊어지면 데이터가 지워진다. 반면 ROM은 한 번 데이터를 기록하면 지우고 재기록을 할 수가 없는 대신 전원이 끊어져도 데이터가 지워지지 않는다. RAM은 컴퓨터 작동시 두뇌 역할을 하는 CPU가 빠르게 작동하기 위해 처리해야 할 데이터를 임시로 저장해놓는 용도로 주로 사용하고, ROM은 컴퓨터를 껐을 때도 지워지면 안 되는 중요한 데이터를 장기간 저장하는 데 사용한다.

RAM의 종류는 2가지로 DRAM(Dynamic Random Access memory)과 SRAM(Static Random Access Memory)이다. SRAM이 DRAM보다 속도가 훨씬 빠르고 가격도 비싸다. 보통 컴퓨터는 소용량 SRAM과 대용량 DRAM

을 탑재한다. 시장 규모는 DRAM이 훨씬 크다. DRAM시장은 메모리 업체들에 가장 중요한 시장이다. 2014년 글로벌 DRAM시장 규모는 458억 달러다.

DRAM 소자 한 개는 전자의 흐름에 따라 0과 1 중 하나를 표시한다. 소자는 한 개의 트랜지스터와 커패시터Capacitor로 구성되어 있다. 트랜지스터는 전자의 흐름을 제어하는 스위치고, 커패시터는 전자를 저장하는 창고다. DRAM과 SRAM의 차이점 중 하나는 커패시터의 존재 유무다. 커패시터는 시간이 지나면 저장하고 있던 전자를 잃으므로 이를 방지하기 위해 컴퓨터는 DRAM을 계속 리프레시한다. 이 동작 때문에 DRAM이 전력을 많이 소모하기도 한다.

DRAM 커패시터 원리-전기회로에서 전기 용량을 전기적 위치에너지로 저장하는 장치

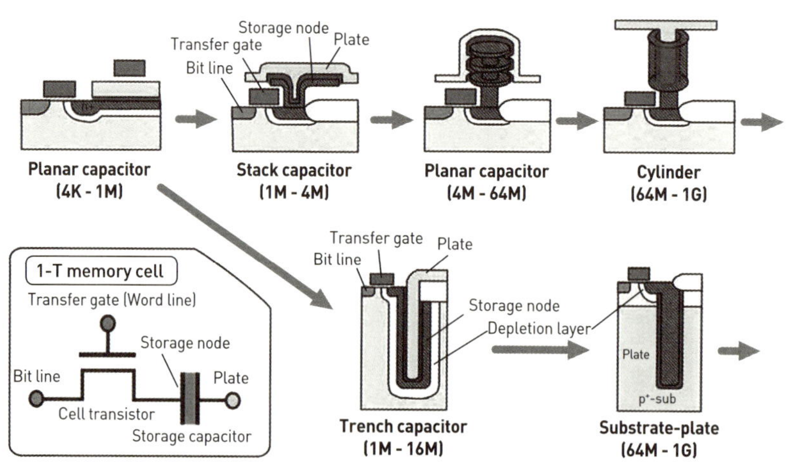

자료: dailytech.com

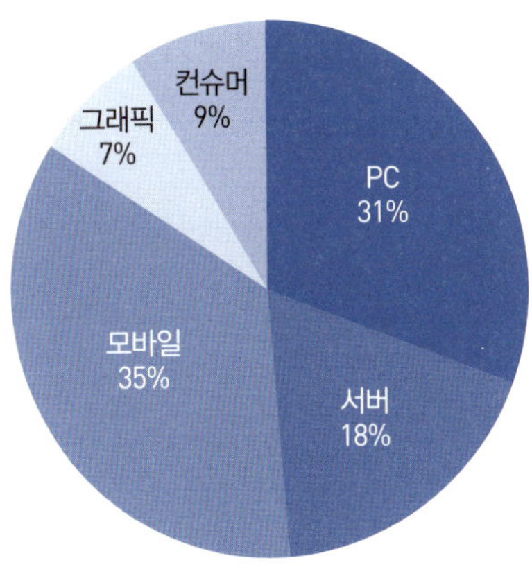

자료: DRAMExchange

DRAM은 수요처에 따라 PC에 사용되는 PCDRAM, 스마트폰과 태블릿PC 등 모바일기기에 사용되는 모바일DRAM, 서버에 사용되는 서버DRAM, PC와 콘솔 기기의 그래픽 칩셋에 사용되는 그래픽DRAM, TV 등 가전제품에 사용되는 컨슈머DRAM으로 구분된다.

생산량 기준 제품 비중은 PCDRAM 31%, 모바일DRAM 35%, 서버DRAM 18%, 그래픽DRAM 7%, 컨슈머DRAM 9%다. 과거에는 PCDRAM 비중이 절대적으로 컸으나 최근엔 스마트폰 등 모바일 기기 수요 성장세가 커 모바일DRAM의 비중이 크게 상승하고 있다. 서버DRAM도 빅데이터 처리 수요가 증가하며 비중이 커지고 있다.

생산성 증가가 핵심 경쟁력

DRAM 업체의 가장 중요한 경영 목표는 생산량을 늘리는 것이다. DRAM 업체가 생산량을 증가시키는 방법은 크게 네 가지다.

첫째, 생산능력을 키워 웨이퍼 출하량을 늘리는 것이다. 예를 들어 공장을 더 지어 출하하는 웨이퍼의 수를 늘리면 바로 칩 생산량 증대로 이어진다.

둘째, 웨이퍼의 사이즈를 키우는 것이다. 웨이퍼 한 장당 생산되는 칩 수는 정해져 있다. 웨이퍼 한 장의 사이즈를 늘리면 그만큼 한 장에서 생산되는 칩 수도 증가한다. 웨이퍼 사이즈 변경은 자주 있는 일

15인치 웨이퍼와 12인치 웨이퍼

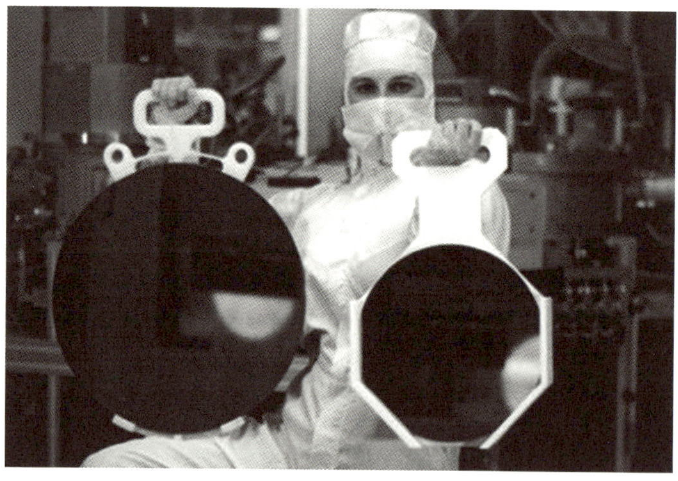

자료: DRAMExchange

은 아니다. 웨이퍼를 변경하면 대부분의 장비 역시 다시 설계해서 교체해야 되기 때문이다. 현재 업체들이 사용하고 있는 대부분의 웨이퍼는 12인치다. 업계에서 15인치 웨이퍼를 논의하고 있지만 교체 시점은 2020년 이후로 전망한다.

셋째, 새로운 공정을 개발해 칩 사이즈를 작게 줄이는 것이다. 공정마다 만들 수 있는 칩 사이즈는 정해져 있다. 우리가 자주 보는 뉴스 단어인 '○○ 나노 기술 개발'에서 '○○ 나노'는 칩 사이즈를 뜻한다. 칩 사이즈를 줄이면 웨이퍼 한 장당 생산되는 칩의 개수가 증가한다. 웨이퍼를 제조하는 비용은 칩 사이즈와 상관없이 비교적 일정하다. 웨이퍼당 생산 칩 수가 많아지면 칩당 원가는 하락하게 되고, 칩 사이즈를 줄이면 생산량 증가와 원가 하락 효과가 동시에 발생한다. 결국 칩 사이즈를 줄이는 것이 메모리 업체가 할 수 있는 가장 효율적인 생산성 개선 활동이다. 그러다 보니 메모리 업체의 경쟁력은 누가 칩을 가장 작게 생산할 수 있냐에 달려 있다고 해도 과언이 아니다. 2015년 칩 사이즈는 1년 전인 2014년에 비해 50% 수준으로 작아졌다. 최근에는 기술적인 어려움이 가중되어 1.5년에 30% 수준으로 작아지고 있다.

넷째, 수율을 올리는 것이다. 웨이퍼 한 장당 생산할 수 있는 이론적인 칩 개수를 모두 불량 없이 생산하면 수율이 100%다. 하지만 현실에서는 여러 가지 문제로 인해 100% 수율이 나오지 않는 경우가 많다. 특히 최신 공정을 개발해 양산에 적용시켰을 때 수율이 낮다. 업체 간 원가 차이는 수율에서 결정되는 경우가 많다. 업체들이 수율 상승을 위해 많은 노력을 기울이는 이유다.

DRAM시장의 가격 결정 원리

DRAM의 시장가격은 이론적으로 지속 하락하는 것이 정상이다. DRAM 업체가 신규공정개발을 통해 웨이퍼당 칩 생산량을 계속 증가시키기 때문이다. 그래서 DRAM 업체는 DRAM 가격이 떨어질수록, 자사의 칩 생산량을 더 늘려야 매출액이 떨어지는 것을 방지할 수 있다. 결국 DRM업체들은 칩을 더 많이 생산하기 위한 미세공정개발과 수율 상승을 중요하게 여길 수밖에 없다.

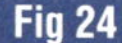

Fig 24

PCDRAM의 가격 동향

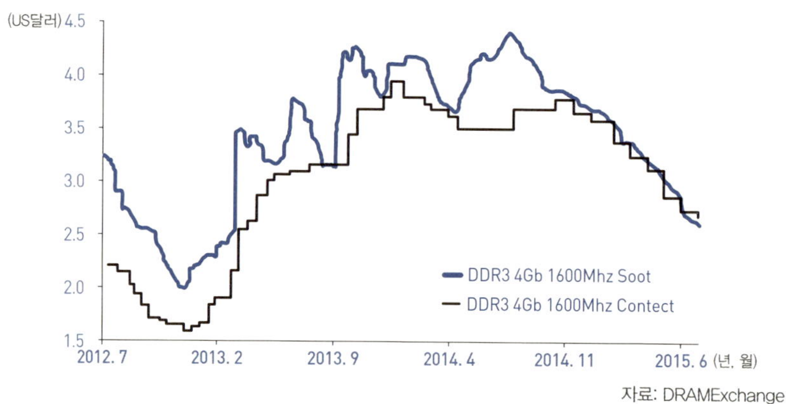

자료: DRAMExchange

삼성전자의 DRAM시장 전략

삼성전자는 1990년대 중반 이후 칩을 만들 수 있는 최신 공정 경쟁에서 선두를 계속 유지하고 있다. 공정 우위를 바탕으로 경쟁사보다 항상 낮은 원가로 DRAM을 제조하기 때문에 이익률이 높고, 이것을 무기로 공장을 증설하는 것도 부담스러워 하지 않는 편이다. 삼성전자 DRAM 사업은 낮은 원가를 유지하고, 지속적으로 공장을 증설하며 꾸준히 세계시장 점유율 1위를 차지하고 있다.

현재 최신 DRAM 공정은 20nm(나노미터)다. 20nm공정을 양산에 도입한 회사는 삼성전자가 유일하다. 경쟁사인 SK하이닉스는 25nm공정으로 DRAM을 생산 중이다. 마이크론 역시 25nm가 주력 공정이다. 25nm에서 20nm로 공정을 전환시키면 대략 웨이퍼 한 장당 30%의 생산성 향상이 가능하다. 삼성전자는 공정 우위를 바탕으로 2015년 1분기 기준 50%를 상회하는 DRAM 영업이익률을 기록 중이다. 경쟁사인 SK하이닉스는 40% 수준이다. 경쟁사들의 20nm공정 양산은 2015년 연말에야 가능할 것으로 예상한다. 삼성전자는 내년 10nm 후반대 공정 양산을 계획 중이다.

Fig 25

DRAM 생산제품 크기에 따른 프로세스 로드맵 – 최신 공정일수록 크기가 작아져

	2011	2012	2013	2014	2015	2016	2017 (년)
마이크론		‹ 30nm				‹ 20nm	
삼성전자	‹ 30nm				‹ 20nm		
SK하이닉스		‹ 30nm				‹ 20nm	

자료: DRAMExchange

PCDRAM, 모바일DRAM 등 종류가 다른 DRAM이 모두 같은 공장, 같은 장비에서 생산되고, 언제든지 생산하는 제품별 비중을 달리할 수 있다. 이러한 특징을 이용하여 수익성을 증가시킬 수도 있으므로, DRAM 업체들은 각자 나름의 전략을 짠다. 예를 들어 향후 2~3개월 후에 스마트폰의 수요가 좋을 것으로 예상되면 모바일DRAM의 생산 비중을 늘리고, PC의 수요가 좋을 것으로 예상되면 PCDRAM을 늘리는 식이다.

PCDRAM과 서버DRAM은 생산되는 대부분 제품의 규격이 동일해서, 델DELL PC용으로 만든 DRAM을 애플 PC에 탑재시켜도 작동이 가능하다. 이렇게 호환성이 높기 때문에 제품의 거래가 쉽다는 장점이 있다. DRAM 업체들이 생산한 PCDRAM을 모아서 거래하는 시장도 존

모바일DRAM 가격 동향

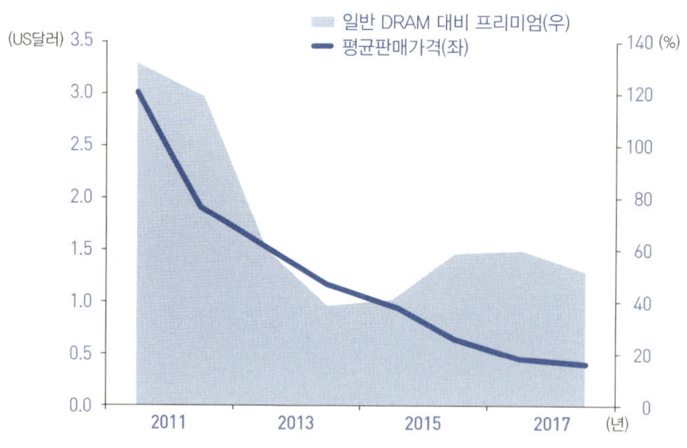

자료: DRAMExchange

재할 정도다. 시장이 존재하고, 거래도 잘 되다보니 마치 부동산이나 주식시장처럼 가격 변동성이 크다. DRAM 가격은 생산구조상 지속적으로 하락해야 하는 것이 정상이나, PCDRAM은 수급에 따라 가격이 오히려 상승하는 경우도 발생한다.

하지만 모바일DRAM은 다르다. 고객 업체와의 규격 및 물량 협의를 통해 생산되고, 제품별 호환성도 낮아 삼성전자 갤럭시S6에 탑재되는 모바일DRAM은 애플 아이폰6에 탑재할 수 없다. 낮은 호환성 탓에 거래도 쉽지 않아 의미 있는 규모의 거래시장이 존재하지 않는다. 거래가 활발하지 않으니 가격 변동성도 낮아, 대부분 가격이 예측 가능한 수준으로 일정하게 하락한다.

삼성전자는 모바일DRAM 생산 비중이 높고, SK하이닉스와 마이크론Micron은 PCDRAM 비중이 높다. 업계 1위인 삼성전자는 예측 가능하고, 이익이 안정적인 모바일DRAM 생산을 선호한다. 굳이 리스크를 감수할 필요가 없기 때문이다. SK하이닉스와 마이크론은 생산원가가 삼성전자보다 높다. 그래서 이들이 삼성전자 수준의 이익률을 기록하려면 리스크를 어느 정도 부담하더라도 수요처별 수급을 예측하고, 그에 맞춰 모바일DRAM과 PCDRAM 생산 비중을 잘 조절하는 것이 필요하다.

 **DRAM의 수익성 결정 5대 요인을 암기해봅시다.**

DRAM의 수익성을 결정하는 요인을 다섯 가지로 정리해볼 수 있습니다. ① 생산설비를 늘려서 출하량을 높이는 방법 ② 웨이퍼의 사이즈를 키우는 방법(현재 12인치를 15인치로) ③ 공정 혁신으로 칩 사이즈를 줄이는 방법 ④ 수율을 향상시키는 방법 ⑤ DRAM 제품군(PC 버전과 모바일 버전) 간 생산 비중을 조절하는 방법 등입니다. DRAM 관련 언론기사들은 대부분이 다섯 가지와 관련된 내용들이므로 잘 숙지하고 있어야 하겠습니다.

관련 자료 찾아보기 ⑧
검색 키워드, 'DRAM 반도체시장'

'DRAM 반도체시장'을 키워드로 관련 내용들을 체크해보기 바랍니다. 특히 최근 중국의 DRAM시장 진출이 이슈가 되고 있습니다. 기술적으로 5~7년 정도 뒤처져 있다는 평가지만 중국 내수시장 자체가 워낙 크기 때문에 삼성전자로서도 관련 동향에 신경을 써야 하는 상황입니다. 2013년 기준으로 중국시장 점유율 1위는 인텔로 13.8%를 점유하고 있습니다. 삼성전자가 7.6%로 2위이며, 그 뒤를 SK하이닉스가 4%를 차지하고 있습니다.

메모리반도체시장의 호황, 두각을 나타내는 DRAM

2013년 이후 메모리반도체 업황은 호조세를 지속하고 있다. 특히 NAND보다는 DRAM 업황이 좋다. DRAM 업황이 좋은 이유는 크게 두 가지로 압축할 수 있다.

a. 경쟁 업체 수 감소

첫 번째 이유로, DRAM을 제조하는 업체 수 감소를 들 수 있다. 현재 DRAM을 제조하는 일정 규모 이상의 메이저 업체는 한국의 삼성전자, SK하이닉스, 미국의 마이크론이다. 1990년대 말에는 업체 수가 10개를 상회했었다. 하지만 DRAM산업은 미세공정기술이 가장 앞서가는 업체가 업계 전체 대부분의 이익을 차지하는 구조이기 때문에, 기술이 떨어지는 업체들은 지속적으로 구조조정당했고, 현재는 3개 업체만 남게 되었다. 일본의 엘피다Elpida는 2013년 미국의 마이크론에 인수되었고, 대만의 이노테라Inotera는 생산하는 웨이퍼 전량을 마이크론에 납품한다. 대만의 난야Nanya, 렉스칩Rexchip, 파워칩Powerchip 등도 미국 마이크론과 직·간접적인 협력 관계다.

시장에서 DRAM에 대한 수요가 늘어나면 DRAM 가격이 상승하고 업체들의 이익이 늘어나는데, 이때 이익을 많이 챙긴 업체들은 다시 대규모 생산을 위한 투자를 단행한다. 그런데 생산능력이 증가하면 공급이 늘어나고, 이는 DRAM 가격의 폭락을 가져와 업체들의 수익은 적자가 되기도 한다. 이때 적자를 견디지 못한 일부 업체들이 생산량을 줄이거나 사업에서 철수를 하게 되면 공급이 줄어든다. 공급이 줄어들면 DRAM 가격은 다시 상승세로 돌아선다. DRAM시장은 이러한 패턴이 일정한 주기로 반복된다.

과거 DRAM 업종의 경쟁 강도가 워낙 높아 이를 '치킨게임'이라는 단어로 표현하기도 했다. 후발업체들의 감산 및 사업 철수를 유도하기 위해 선두업체들이 수익성을 고려하지 않은 채 대규모로 공급을 늘려 업계 전체의 수익구조를 불안정하게 만들기도 했었다. 이렇게 DRAM 업계는 전반적으로 수요보다 공급이 많은 구조였다.

이러한 업계 구조가 2012년, 일본 엘피다가 마이크론에 인수되면서 변하기 시작했다. 메이저 그룹이 3개밖에 남지 않았고, 그룹들 간 힘의 격차가 크지 않아 서로 경쟁을 자제하게 된 것이다. 과거에는 선두업체가 앞서 있는 미세공정기술을 바탕으로 높은 원가 경쟁력을 지니

Fig 27

DRAM 출하량

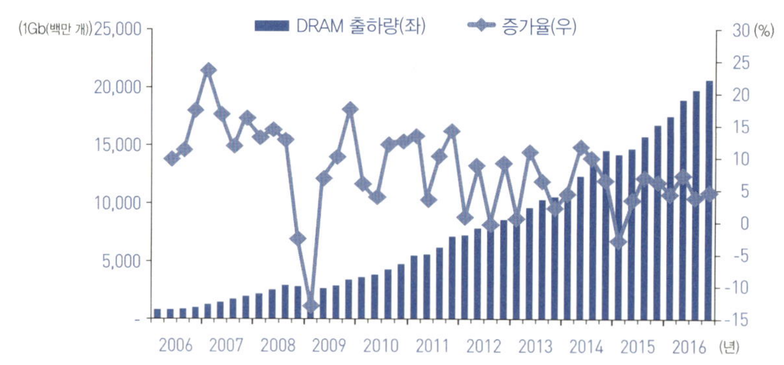

자료: 미래에셋증권

고, 공급을 크게 증가시키면 자사만 이익을 볼 수 있었다. 후발업체들은 적자에 빠질 수밖에 없는 구조였다. 하지만 현재는 3개 그룹 모두 재정 상태가 매우 양호하다 보니 선두업체가 공급을 늘려 메모리 가격을 하락시키더라도 나머지 업체들이 이를 재정적으로 견딜 수 있는 상황이다. 선두업체가 과거에 사용했던 전략이 먹히지 않게 되니, 경쟁을 유도할 필요성이 낮아졌고, 결국 이는 업계 전체의 경쟁 강도를 낮추는 결과로 이어졌다.

멘토의 Tip ⑩　　삼성전자 반도체 비즈니스 이해하기

DRAM시장의 변천 과정을 정리해보면서 삼성전자의 반도체 비즈니스 이해도를 높여봅시다.

'치킨게임'은 게임이론 모델에서 나온 용어입니다. 어떤 사안을 두고 대립하는 두 집단이 있는데, 그 사안을 누군가가 먼저 포기하면 상대방에 비해 손해를 보게 되지만, 양쪽 모두 포기하지 않으면 가장 나쁜 결과가 벌어지는 게임을 의미합니다. 마주 보고 달리는 두 자동차가 있는데 먼저 피하면 겁쟁이(chicken)가 되고 둘 다 피하지 않는다면 모두 죽게 되는 겁니다. 이런 일이 불과 몇 년 전 반도체 업계에 만연했습니다. 1990년대 중반만 하더라도 10개 이상의 DRAM 제조업체가 치열한 경쟁을 했지만 지금은 삼성전자, SK하이닉스, 마이크론의 3강 체제로 굳어져 있습니다. 지난 20년 간 DRAM시장의 변천 과정을 정리해보면 삼성전자의 반도체 비즈니스를 이해하는 데 많은 도움이 될 것입니다.

b. 공정기술 개선의 물리적 한계가 불러온 DRAM 가격 상승

두 번째로 DRAM 공정개선이 한계에 달한 것을 이유로 들 수 있다. DRAM 미세공정 개발능력은 DRAM 업체들에 가장 중요한 경쟁요소다. 새로운 미세공정 개발로 칩 사이즈를 축소해야 원가절감 효과가 가장 커지기 때문이다.

그래서 가장 먼저 다음 세대 미세공정으로 양산하는 업체가 업계의 공급 경쟁에서 주도권을 쥘 수 있다. 즉, 선도기술로 원가를 낮추고 생산량을 늘려 후발업체들의 감산을 유도하며 자사의 시장점유율을 늘린다는 것이다. 삼성전자가 수많은 업체들을 도태시키고 업계 1위를 지속 유지할 수 있었던 가장 큰 이유이기도 하다.

하지만 최근 이러한 구조에 변화가 발생했다. DRAM 미세공정이 물리적 한계에 가까워지고 있어 공정개선 개발도 한계에 달하고 있다. 과거 공정개선은 보통 1년에 한 차례 이루어졌다. 예를 들어 2006년 78nm공정이 2007년 68nm공정으로 변화하는 식이었다. 최근에는 이 주기가 1.5~2년으로 증가하였는데, 이는 공정개발에 걸리는 시간이 점점 늘어난다는 것을 의미한다. 선두업체가 공정개발에 시간이 오래 걸리자, 업체들 간 기술 개발 시간 격차가 줄어들게 되었다.

과거에도 DRAM 공정개선 한계에 대한 논란은 많았다. 한 예로 100nm 이상으로 DRAM을 만들던 시절에도 100nm 미만으로는 기술적 한계로 공정개선이 어려울 거라는 예상이 많았다. 그러나 업계는 여러 가지 노력과 아이디어로 공정개선을 지속시켰고, 현재 공정은 20nm 수준까지 발전했다.

그러나 2015년 시점에서는 향후 그 당시처럼 기술개선이 전개되기 어려울 것으로 예상한다. DRAM 공정이 노력과 아이디어만으로 개선될 수 없는 '물리적' 한계에 달했기 때문이다. 위에서 언급한 대로 DRAM 소자 1개는 트랜지스터 1개와 커패시터 1개로 구성되어 있다. 이 중 트랜지스터는 지속적으로 가로 면적 축소가 가능하다. 커패시터가 문제다. 커패시터는 전자를 저장시키는 창고이므로, 트랜지스터를 구동할 수 있는 최소한의 전자를 담을 수 있는 용량이 확보되어야 한다. 커패시터가 일정 크기 이상의 용량을 확보하면서 가로 면적을 축소하기 위해서는 다음 세 가지 중 하나가 필요하다. 높이를 증가시키거나, 커패시터의 박막 두께를 감소시키거나, 커패시터의 재료를 유전율이 높은 재료로 바꾸는 것이다.

커패시터의 높이는 이미 매우 높다. 가로세로 비율(A/R, Aspect Ratio)은 1:100을 넘어섰다. 이 비율이 더 커지면 커패시터가 옆으로 쓰러지거나 인접한 커패시터와 붙어버리는 트윈 비트Twin Bit 및 페일Fail이 발생하므로 높이를 추가하는 것은 쉽지 않다.

DRAM 커패시터 공정의 어려움 −1

DRAM 커패시터의 종횡비는 상상을 초월할 정도다. 세계 최고층 빌딩인 부르즈 할리파의 종횡비는 60이다. 3xnm의 DRAM 커패시터의 종횡비는 250이다.

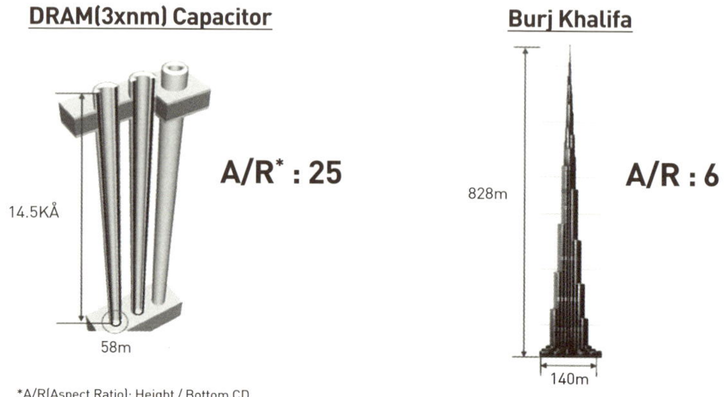

자료: SK하이닉스

박막의 두께를 줄이는 것도 한계에 달하고 있다. 20nm DRAM에서 커패시터 유전막 두께는 3Å 수준인데, 이는 원자층 2개 수준이다. 박막의 두께는 최소 원자층 1개 이상의 두께는 되어야 하므로 이보다 두께를 더 줄이며 원자가 박막을 통과해버리는 터널링현상(터널링현상이 발생하면 누설 전류가 급증하게 된다)이 발생하므로 두께를 더 줄이는 것도 쉽지 않다.

커패시터의 재료 개선도 한계에 달했다. 과거 재료는 이산화규소(SiO_2)나 질화규소(SiN_x), 산화알루미늄(Al_2O_3) 등 저유전율 물질을 사용했다. 최근에는 고유전 물질인 산화지르코늄(ZrO_2)을 사용하고 있다. 전극으로는 질화티타늄(TiN)을 사용하고 있다. 반도체 공정에서는 구

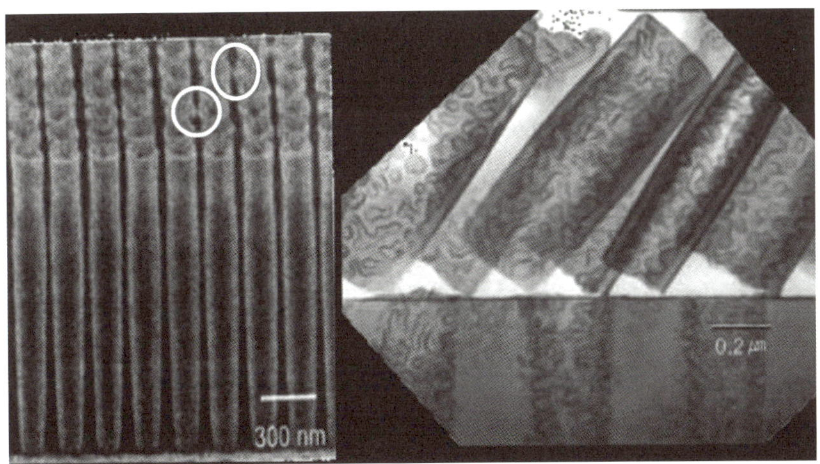

자료: 서울대학교

조를 바꾸거나 설계를 변경하는 것보다 재료를 개선시키는 것이 훨씬 어렵고 개발 시간도 많이 걸린다. 커패시터 박막 재료가 되려면 금속 전극과 조합이 맞아야 하고, 후속 열처리 공정에도 특성 변화가 일어나지 않아야 하며, 결정화가 진행되지 않아야 한다. 이러한 조건들을 모두 충족시키면서도 이전 물질보다 유전율이 높아 박막 두께를 줄일 수 있어야 하는 셈이다. 이미 산화지르코늄의 유전율은 40이 넘는다. 이를 대체할 물질을 찾으려면 매우 긴 시간과 많은 연구가 필요할 것으로 보인다.

이런 문제로 인해 업계 일부에서는 DRAM 공정의 한계를 2018년 16nm 수준으로 보고 있다. DRAM 공정 한계 이후에는 MRAM이나 ReRAM 등 차세대 메모리를 양산해 DRAM을 대체할 것으로 예상한다.

	NAND / Non Volatile Equivalent Node(Feq) Node = (WL+BL)/2	DRAM / Volatile Memory Equivalent Node(Feq) HP≥79% of Feq	LOGIC Node / Metal-HP[nm]	MPU Node / Metal-HP[nm]
2009	35	52	40/70	32/60(planar)
2010	28	48	32/50	(1268)
2011	22	38		22/40(finFET)
2012	19 x 22			(1270)
2013	19			
2014	24yrs			
2015	32yrs			
2016	48yrs		0/24(finFET)	
2017	64yrs			
2018	3D 96yrs	16(6F2) 19MRAM	7/16(finFET)	(1276)
2019	16ReRAM[8yrs] 5x 3D[128yrs]			5/8(finFET)
2020	12ReRAM[8yrs] 5x 3D[128yrs]	16STT-MRAM	5/11(finFET)	(1878)
2021	12ReRAM[8yrs]			3/5(finFET)
2022	10ReRAM[8yrs]	14STT-MRAM	3/7(finFET)	(1880)
	Single expose Pattern split/Cut mask	Double patterning-SPT	Double patterning -LxLE	EUV

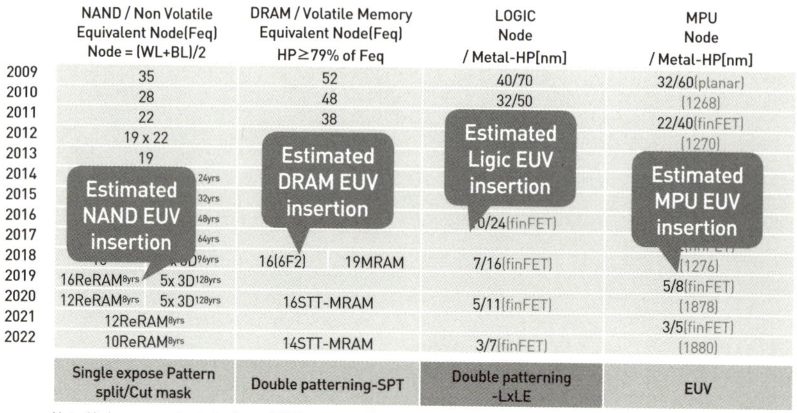

Note: Node represents start volume (>10% unit share) of the typical customer roadmap
*Q1-2014 customer roadmaps

자료: ASML

차세대 메모리는 커패시터가 없기 때문에 추가적인 공정개선이 가능하다.

 그런데 DRAM 공정개선이 한계에 근접하고 있는 것이 DRAM 업황에는 좋다. 우선 공정개선 속도가 느려져 DRAM 공급량 증가폭이 감소하고, 공급의 감소가 가격에 긍정적 영향을 미치기 때문이다. DRAM 업체는 공격적으로 생산을 늘리지 않게 된다. DRAM 업체 입장에서는 2018년 이후 차세대 메모리로 대체되어 효용성이 감소할 수 있는 DRAM의 생산력을 현재 시점에서 키운다면 리스크가 크기 때문이다. 과거에는 점유율 확대를 위해 무제한으로 생산력을 키웠으나 이제는 미래의 기술 전망에 따라 확보할 수 있는 투하자본순이익률ROIC을 면밀히 체크한 후 기술 개발과 생산설비를 증설해야 하는 시대로 바뀌었다.

DRAM시장의 1인자 삼성전자

삼성전자는 DRAM을 국내에서만 생산하고 있다. 11, 13, 15, 16라인에서 생산 중이다. 현재 글로벌 DRAM 생산은 12인치 기준 월 104만 장이다. 삼성전자의 월 생산량은 36만 장으로 추정하므로 출하량 기준으로 삼성전자 시장점유율은 41%다. 2위는 SK하이닉스로 27%, 3위는 마이크론으로 27%다. 가장 적극적으로 생산량을 증가시키는 업체가 삼성전자와 SK하이닉스이기 때문에 당분간 이런 구도는 깨지지 않을 것으로 예상된다. 삼성전자는 화성에 지은 17라인에서 DRAM을 생산하기로 2014년에 결정해서 2015년 하반기 가동 예정이다. 평택에 신규 캠퍼스 부지도 확보하여 부지 조성 작업에 들어갔고, 2017년 완공 예정이다. 평택은 삼성전자 반도체 사업장 중 최대 규모(282만㎡, 85만 5천 평)로 이곳에서도 메모리반도체를 생산할 것으로 예상된다. SK하이닉스는 올해 하반기 신규 공장인 M14에서 DRAM을 생산할 것으로 계획 중이다. 마이크론은 DRAM 생산 추가를 위한 투자 계획이 없다.

떠오르는 다크호스 중국

중국은 DRAM산업의 필요성을 느끼면서도 그동안 투자를 하지 않았다. DRAM은 대규모 투자가 필요한 산업이고, 가장 경쟁력이 뛰어난 업체만 수익을 올릴 수 있는 산업이기도 하다. 또 수급에 따라 대규모 흑자와 적자가 반복되고, 신규 진입 업체는 수익을 확보하지 못할 가능성이 큰 산업이다. 메모리반도체는 중국의 가공제품 수입 품목 1위다. 2014년 기준 1,176억 달러 규모였는데, 이는 원유보다 큰 시장 규모다. 그러다 보니 중국 입장에서는 수입 대체가 절실하게 필요한 제품이 되었다. 그럼에도 DRAM 생산에 뛰어들지 않았던 이유는 한국의 선발 업체들에 밀려 수익성을 확보할 수 없다고 판단했었기 때문이다.

하지만 최근 중국의 움직임이 달라졌다. DRAM 공정기술개선이 한계에 다다라 선두업체와 후발업체의 기술 격차가 축소되고 있다. 중국 정부는 이때가 DRAM에 투자해도 수익성을 확보할 수 있는 때라

DRAM 생산을 선언한 중국의 디스플레이 업체 BOE

자료: 언론

판단한 것으로 추정된다.

중국 디스플레이 업체 BOE는 2015년 4월 DRAM산업에 진출하겠다고 발표하며 2015년 말 투자를 시작해 2018년부터 DRAM을 생산하겠다는 계획을 세웠다. 또 2015년 7월 중국 칭화유니그룹이 미국 마이크론 인수에 관심이 많다는 보도도 나왔다. 중국의 DRAM산업 대규모 투자는 기정사실화된 것으로 판단된다.

중국 업체의 DRAM 생산 진출은 전체 DRAM 업황에 부정적이다. 중국 정부는 전략산업 업체들에 대규모 투자 지원을 해준다. 디스플레이 등 타산업에서도 중국 기업은 정부 지원을 등에 업고 대규모 투자를 지속했다. 결과적으로 중국 기업이 공격적으로 투자한 산업은 공급 증가로 인해 업황이 양호하지 못하다. DRAM도 향후 그런 모습을 보여줄 가능성이 높다. 2014년 기준 글로벌 DRAM 생산의 20%는 중국에서 소비됐다. 2018년 이후 중국 내 DRAM 소비 대부분은 중국 내에서 생산된 제품으로 대체될 가능성이 높다.

다만 이는 2018년 이후의 일이기 때문에 국내 업체에 아직 시간은 남아 있다. 삼성전자 등 국내 업체들은 MRAM, ReRAM 등 고부가가치 제품 개발로 대응해나갈 것이다.

미세공정기술의 간단한 개념과 시장동향을 파악해봅시다.

최근 반도체 미세공정 경쟁 구도를 보면 DRAM은 20nm(1nm는 10억분의 1m이며 반도체의 회로선 폭을 말함), 그리고 NAND플래시는 3차원(D) 적층으로 정리할 수 있습니다. 시장조사업체인 DRAM익스체인지(DRAM Exchange)는 삼성전자가 20nm 기술을 적용한 DRAM 생산을 2015년 말 62%까지 끌어올릴 것으로 예상하고 있습니다. SK하이닉스는 2015년 하반기부터 21nm공정을 도입할 계획이며, 미국의 마이크론은 2014년 말 20nm 기술을 적용했는데, 2015년 말 30% 수준까지 높인다는 전략입니다. 이제 과제는 10nm대 공정기술을 적용한 제품 생산 여부인데 시장에서는 2016년 이후부터는 가능할 것으로 내다보고 있습니다. 참고로 인텔과 삼성전자는 이미 14nm공정기술을 보유하고 있지만, 14nm 미만의 미세공정에서는 기존 방식이 불가능하다고 보고 새로운 공정기술 개발에 몰두하고 있다고 합니다. 미세공정기술은 매출과 수익에 직접적으로 연결되므로 삼성전자 취업준비를 위해서는 간단한 개념과 시장동향을 잘 파악해두기 바랍니다.

차세대 메모리 MRAM과 ReRAM

MRAM, ReRAM은 DRAM을 대체할 차세대 메모리다. MRAM(Magnetic RAM)은 자기저항효과를 이용한 메모리고, ReRAM(Resistance RAM)은 저항을 이용한 메모리이다. 두 메모리 모두 DRAM 대비 탁월한 장점을 가지고 있다. DRAM은 전원이 꺼지면 데이터가 날아가는 휘발성 메모리다. 하지만 MRAM, ReRAM은 전원이 꺼져도 데이터가 보존되는 비휘발성 메모리고, 속도도 DRAM보다 빠르고, 전력 소모량도 비교할 수 없을 만큼 적다. MRAM을 사용해서 스마트폰을 제조하면, 현재 스마트폰보다 속도가 빠르고 배터리 사용시간도 몇 배나 더 오래가는 제품을 만들 수 있다.

이런 장점에도 불구하고 MRAM, ReRAM은 생산원가가 DRAM 대비 높아서 본격적으로 양산되지 못했다. DRAM은 대규모 양산과 지속적인 미세공정 전환으로 생산원가가 계속 내려가는데, 차세대 메모리는 그렇지 못했기 때문이다.

그러나 2018년부터 다른 구도가 전개될 것으로 예상한다. 업계의 예상대로 16nm를 끝으로 DRAM의 미세공정개선이 중단된다면, 차세대 메모리가 원가경쟁력을 확보할 수 있다. 차세대 메모리들은 커패시터가 없기 때문에 이론적으로 2nm까지 공정개선이 가능하다. 2020년 경부터는 차세대 메모리의 생산원가가 DRAM보다 더 낮아질 수 있다고 전망한다.

여기에 전제 조건은 있다. 차세대 메모리의 개발이 원활히 진행되어야 한다는 것이다. 현재 MRAM 공정은 90nm다. 업계에서는 이것이 2018년에 19nm까지 사이즈가 줄어 DRAM과 사이즈가 유사해질 것이라 본다. 그러나 MRAM 개발이 원활히 진행되지 못한다면 예상 시점 이후에도 DRAM의 단가경쟁력이 높을 것이고, 그만큼 차세대 메모리의 본격적인 양산은 늦어지게 될 것이다.

중국의 DRAM시장 잠식에 대한 삼성전자의 돌파구

삼성전자는 차세대 메모리를 조기 양산할 필요가 있다. 2018년 이후 중국의 DRAM시장 잠식을 차세대 메모리시장에서 커버할 수 있기 때문이다. 향후 고성능이 필요한 IT기기는 차세대 메모리를 사용할 것이고, 중저가 IT기기는 기존 DRAM을 계속 사용할 것이다.

MRAM, ReRAM은 아직 개발 중인 제품이기 때문에 기술 난이도가 매우 높다. 기존에 써보지 않은 새로운 재료가 필요하고, 전용 장비도 다시 만들어야 한다. 그래서 이 제품은 아직 DRAM도 개발하지 못한 중국 후발주자들이 쉽사리 선두 업체를 따라올 수 없다.

Fig 32

MRAM 구조

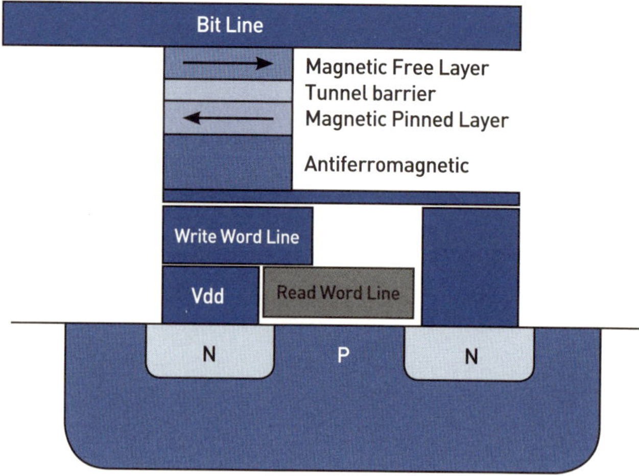

자료: Industry Data

STT-MRAM(Spin Transfer Torque-MRAM) 구조

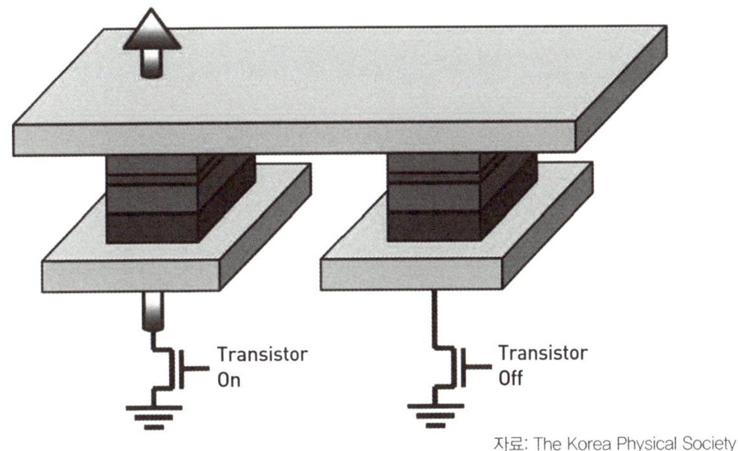

삼성전자는 오래전부터 MRAM, ReRAM 등 차세대 메모리 개발에 투자해왔다. 향후 DRAM 시장은 중국의 DRAM 생산 진출이 가장 중요한 이슈가 될 것으로 예상한다. 또 본격적인 차세대 메모리 양산, 이를 통한 삼성전자 등 DRAM 선두 업체들의 주도권 장악 지속 여부도 중요한 관전 포인트가 될 것으로 전망된다.

차세대 메모리의 특징을 숙지해봅시다.

DRAM 공정기술이 한계에 점점 다다르고 있다는 점, 중국의 DRAM시장에 대한 참여 의지, 그리고 삼성의 차세대 메모리반도체 개발, 이 3가지 요인들은 시장 흐름상 서로 맞물려 있습니다. DRAM 반도체산업과 기술이 그동안 삼성전자를 리더로 지속적으로 진화해왔는데, 삼성전자 입장에서는 새로운 40년을 열어가기 위해 차세대 메모리반도체 영역을 서둘러 준비해야 하는 모양새입니다. 이와 관련해서 아직 양산 단계에 이르지 않았지만 MRAM과 ReRAM이 차세대 메모리반도체로 개발 중이니 각각 어떤 특징을 갖고 있는지 정도는 파악해두기 바랍니다. 이런 차세대 메모리는 ▲기존 DRAM이 갖고 있는 고집적성과 낮은 소비 전력 ▲플래시메모리의 비휘발성 ▲RAM의 고속 동작 등의 요소들을 한꺼번에 구현할 수 있는 유니버설형을 지향하고 있다는 점을 참고하기 바랍니다.

관련 자료 찾아보기 ⑩
전자신문 기사, 'D램·낸드 보완·대체할 차세대 메모리' 

전자신문(etnews) 2015년 3월 10일자 이슈분석 'D램·낸드 보완·대체할 차세대 메모리' 기사를 참고하기 바랍니다. 최근 동향을 잘 정리해두고 있으므로 일독을 권합니다. 내용 중에는 '리쏘그래피 공정(실리콘 웨이퍼에 회로 패턴을 형성시키는 일련의 공정 과정을 의미)' 같은 다소 어려운 용어도 있지만 온라인 검색을 병행하면서 자신만의 반도체 공부 노트를 작성해본다면 삼성전자 입사도 그만큼 가까워질 것입니다.

메모리반도체의 성장동력, NAND의 모든 것

NAND는 플래시메모리의 일종이다. 플래시메모리의 특성은 전원을 꺼도 저장된 데이터가 날아가지 않고 언제든지 재기록이 가능한 점이다. 그래서 수시로 쓰고 지우면서 장기간 보관도 해야 하는 데이터의 저장 매체로 주로 사용된다. 대표적인 활용처는 MP3 플레이어, 스마트폰, 노트북PC, USB 메모리 등이다.

플래시메모리 NAND 개발 과정

플래시메모리는 1984년 일본 도시바Toshiba의 마스오카 후지오가 개발했다. 최초의 상업용 양산은 1988년 인텔Intel이 했고, 인텔이 양산한 플래시메모리는 노어NOR 타입이다. NAND 타입 플래시메모리는 1989

년 도시바가 발표했다. NOR와 NAND플래시는 설계 구조에서 차이가 있다. NOR는 셀들이 서로 병렬로, NAND는 직렬로 연결된다. 장점도 차이가 있는데 NOR는 데이터를 읽는 것이 빠르고, NAND는 쓰기와 지우기 작업이 빠르다. 게다가 NAND는 NOR보다 집적도(한 개의 반도체 칩에 있는 소자 수)가 높아 싸게 만들 수 있다는 결정적인 장점이 있다. 초창기에는 NOR와 NAND가 공존했으나 현재 NOR플래시는 특수 용도로만 쓰이고, 대부분의 시장은 NAND플래시가 차지했다.

NAND가 사용되는 곳을 확인해둡시다.

NAND의 특징을 정확하게 숙지하고, NAND가 사용되는 전자 기기들은 어떤 것들이 있는지 확인해두기 바랍니다. 면접에서 상식 점검 차원에서 NAND가 들어가는 곳을 아는 대로 답해보라는 질문이 언제든지 나올 수 있으므로 미리 대비해두기 바랍니다.

직렬연결 NAND 셀 구조의 장·단점

NAND 셀 구조는 플로팅게이트(FG, Floating Gate) 위에 컨트롤게이트(CG, Control Gate)가 올라가 있는 형태다. 컨트롤게이트는 셀을 조작하고, 플로팅게이트는 전자를 저장하는 역할을 한다. 컨트롤게이트에 강한 전압을 주면 웨이퍼 내부에 있던 전자가 컨트롤게이트 밑에 있는 플로팅게이트 안으로 끌려 들어오게 된다. NAND는 플로팅게이트에 전자가 많이 차 있으면 0, 전자가 적으면 1이다.

NAND 셀 구조의 특이점은 각각의 셀들이 직렬로 연결되어 있다는 것이다. 이는 셀을 작게 만들어 생산성을 높이기 위해서고, 직렬연결의 장점이다. 하지만 데이터 읽기, 쓰기, 지우기를 라인에 맞추어 해야 하다 보니 1개의 셀에 있는 데이터를 읽을 때에도 셀들이 연결된 페이지 단위로 읽기를 진행해야 한다. 그래서 읽기 속도가 느려지는 것이 단점이다. 또 데이터를 지우거나 덮어쓸 때도 셀들이 연결된 블록 전체를 지우고 다시 기록해야 하는 문제가 있는데, 이것은 NAND의 수명을 단축시킨다.

NAND 구조-1

NAND 플래시는 생산성 향상을 위해 셀들이 직렬로 연결되어 있다.

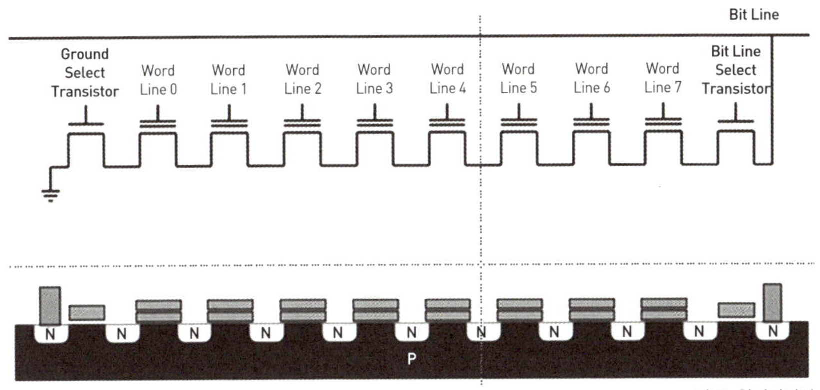

자료: 위키미디어

NAND 구조-2

NAND는 직렬구조로 인해 읽기·쓰기는 Page 단위로만, 지우기는 Block 단위로만 가능하다.
때문에 쓰기와 지우기 작업은 읽기에 비해 추가적인 작업이 필요하다.

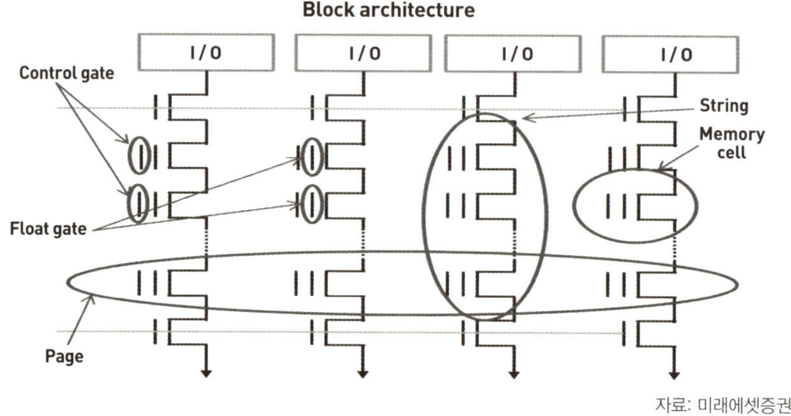

멘토의 *Tip* ⑭　　　NAND 구조 특징 알아두기

NAND의 두 가지 구조적 특징을 알아봅시다.

NAND는 구조적으로 두 가지 특징을 갖고 있습니다. ① 플로팅 게이트 위에 컨트롤 게이트가 올라가 있는 형태입니다. ② 셀들이 직렬로 연결되어 있어 생산성은 높지만 속도나 수명 측면에서는 불리합니다. NAND를 한 번에 이해하려면 아무래도 쉽지 않기 때문에 하나씩 정리하면서 넘어가시기 바랍니다.

초창기 NAND는 1개의 셀에 0과 1 중 하나만 기록할 수 있는 1비트를 저장했다. 이를 싱글레벨셀(SLC, Single Level Cell)이라고 한다. SLC는 멀티레벨셀(MLC, Multi Level Cell)로 발전했다. MLC는 1개의 셀에 2비트를 저장할 수 있다. MLC는 SLC 대비 같은 사이즈의 메모리에 2배의 용량을 저장할 수 있다. 최근에는 1개의 셀에 3비트를 기록하는 트리플레벨셀(TLC, Triple Level Cell)이 등장했다. TLC는 SLC 대비 3배의 용량을 저장할 수 있다. MLC, TLC는 플로팅게이트에 전자를 담는 양을 미세하게 조정할 수 있는 기술이 개발되면서 가능했다.

MLC, TLC는 단점도 있다. 속도가 느리고 수명이 짧다. 전자의 저장과 측정을 미세하게 해야 하므로 SLC 대비 민감하기 때문이다.

NAND 주요 분류: eMMC, USB메모리와 SD카드, SSD

NAND의 주요 분류는 다음과 같다. 스마트폰, 태블릿PC의 저장매체로 주로 쓰이는 eMMC(Embedded Multi Media Card)와 USB메모리와 SD카드, 마지막으로 PC와 서버의 저장 매체인 SSD(Solid State Drive)다. 부가가치는 SSD, eMMC, USB메모리와 SD카드 순이다. 2014년 기준 전체 NAND 수요에서 차지한 비중은 SSD 39%, USB와 카드 24%, 모바일 21%다.

2015년 DRAM 업황이 좋은데, 그 이유 중 하나는 DRAM을 생산하는 업체가 3개로 구조조정 된 것이었다. 하지만 NAND시장은 경쟁자도 많고, 강도도 강하다. 생산 그룹이 4개로 삼성전자, 도시바와 샌디스크 진영, 인텔과 마이크론 진영, 그리고 SK하이닉스다.

NAND의 사용 분야를 파악해봅시다.

NAND는 셀당 저장 기술에 따라 SLC(1개 셀에 1비트 저장), MLC(2비트 저장), TLC(3비트 저장)로 나눠지고, MLC와 TLC로 갈수록 용량은 커지지만 속도와 수명 측면에서는 불리해집니다.

한편, NAND는 용도에 따라 eMMC(모바일 기기에 사용), USB메모리, SD카드, SSD(노트북에 사용) 등에 사용되는데 부가가치는 SSD가 가장 높고, 전 세계 NAND 수요에서 차지하는 비중도 39%로 가장 높습니다. 이런 영어식 관련 용어를 외워두면 관련 신문기사를 읽기가 매우 수월해질 것입니다. 예컨대, 〈디지털데일리〉의 2015년 4월 14일자 'SSD, 엔터프라이즈 시장 속으로' 기사 중 일부를 보겠습니다.

"NAND플래시 메모리를 사용하는 솔리드스테이트드라이브(SSD)시장이 크게 확대되고 있다. 지금은 슬림형 노트북이 SSD의 최대 수요처다. 그러나 앞으로는 엔터프라이즈 서버 분야가 SSD시장 확대를 견인할 것이라는 전망이 나오고 있다. 노트북 등 소비자용 제품에는 가격경쟁력이 높은 트리플레벨셀(TLC), 서버 쪽에서는 신뢰성이 높은 멀티레벨셀(MLC) 제품군이 주로 적용될 것으로 전망된다."

용어가 익숙하지 않다면 무슨 말인지 알기 어려워서 그냥 스쳐지나갈 기사입니다. 하지만 공부하고 나면 위 기사 내용을 명확하게 이해하게 됩니다. 이처럼 자신이 가고자 하는 기업이 있다면 우선 해당 산업에서 사용되는 주요 용어jargon부터 잘 챙겨야 합니다.

'SSD 시장'을 키워드로 관련 내용을 탐색해 보시기 바랍니다. SSD는 기존 하드디스크드라이브HDD를 빠르게 대체하고 있습니다. HDD보다 읽기, 쓰기, 속도 면에서 우월하기 때문입니다. HDD는 자기디스크(플래터)를 회전시키는 방식인 데 비해 SSD는 반도체 기반이어서 구조가 심플하며 전력 소모도 매우 적습니다. 노트북의 경우 슬림화를 위해서는 HDD를 버리고 당연히 SSD를 채택할 수밖에 없습니다. 향후 빅데이터, 사물인터넷시대가 본격화하면 데이터를 저장할 스토리지 수요가 엄청나게 증가하게 되므로 삼성전자에 SSD는 전략적으로 매우 중요한 영역이라 하겠습니다.

NAND시장의 4강 구도

2014년 NAND시장 규모는 24억 7,000만 달러였다. 2014년 4분기 기준 시장점유율은 삼성전자 28%, 도시바 22%, 샌디스크 18%, 인텔 7%, 마이크론 14%, SK하이닉스 11%다. DRAM은 국내 업체가 시장을 주도하고, 일본이 완전히 몰락하고, 미국이 뒤처지고 있다. 반면 NAND는 아직 미국과 일본 업체의 파워가 상당하다. DRAM과 달리 NAND는 아직 수요의 증가폭이 크다. 2010년~2014년 5개년 평균 수요성장률이 40%다.

DRAM과 마찬가지로 NAND 업체에 가장 중요한 것 역시 생산량을 늘리는 것이다. NAND 가격은 매년 30~40%씩 하락한다. 매출액이 줄어드는 것을 막으면서 시장점유율을 키우려면 가격이 떨어지는 폭을 메울 수 있을 만큼 생산량을 늘려야 한다. NAND 생산량을 늘리는 방법은 기본적으로는 공장을 증설하여 생산능력을 키우거나, 신규 미세공정기술을 개발하여 칩 사이즈를 축소시키는 것이다. 추가로 TLC와 같은 멀티레벨셀 기술 개발도 중요하다. 2014년 기준 글로벌 NAND 생산력은 월 123만 장이다. 삼성전자 35만 장, SK하이닉스 16만 장, 마이크론과 인텔 24만 장, 도시바와 샌디스크는 47만 장으로 추정된다.

최근 NAND 수급 동향은 비교적 양호하지만, DRAM과 같은 호황은 아니다. DRAM 업체들의 영업이익률이 50% 내외인 데 반해 NAND 상위 업체들의 영업이익률은 20% 내외다. NAND 수요는 양호한 편이고, 공급 증가세가 커지는 것이 수급에 영향을 주고 있다. 2014년 공급 증가를 주도한 업체는 도시바와 샌디스크다. 이들은 삼성전자 타도를 목표로 일본 요카이치에 팹5Fab5라는 대규모 공장을 짓고 출하량을 크게 늘렸다.

2D NAND 공급 증가세 둔화, 3D NAND의 등장

2015년 들어 NAND 공급 증가세는 조금씩 둔화되고 있다. 신규로 지은 공장이 없고, 미세공정 전환으로 인한 공급 증가도 줄어들고 있다. 현재 NAND 최신 공정은 15/16nm다. 삼성전자를 비롯한 4개 진영 모

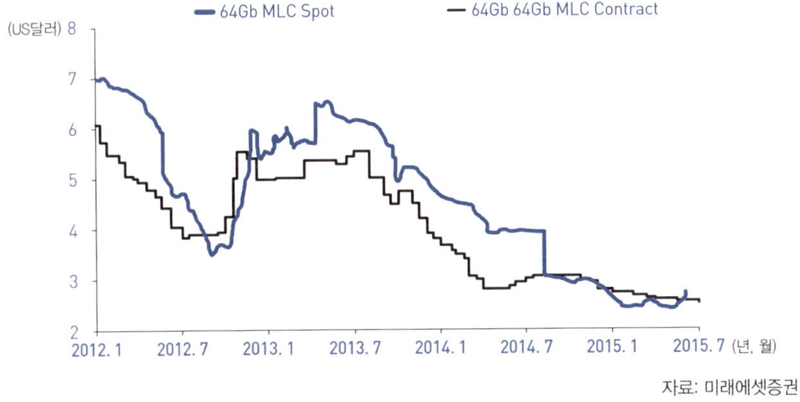

두 15/16nm 공정으로 NAND를 생산하고 있다. DRAM은 업체들마다 공정이 달라 기술 격차가 나는데, NAND는 그 차이가 DRAM보다 작다. NAND는 이미 공정개선이 물리적인 한계에 달했다. 업체마다 차이는 있지만, 한계를 15/16nm 수준으로 보고 있다. 도시바와 샌디스크는 2D NAND에서 추가적인 공정개선은 없을 것으로 발표한 바 있다. 향후 공정개선은 3D NAND를 통해서 하겠다고 밝혔다. 3D NAND는 공장을 새로 지어야 한다. 추가적인 2D NAND 공정개선이 없다는 것은 당분간 NAND 공급 증가폭이 작다는 것을 의미한다.

2D NAND 공정개선이 한계에 달한 이유는 다음과 같다. NAND 칩 사이즈를 작게 만들면 셀 간 거리가 매우 좁아지고, 이 경우 컨트롤게이트에 전압을 주면 해당 셀만 영향을 받는 것이 아니라 인접한 셀까지 영향을 받는 간섭현상이 발생해 오작동이 생긴다. 이를 크로스토

크^{Cross Talk} 현상이라고 한다. NAND 사이즈가 15/16nm까지 줄어들면 크로스토크 현상이 매우 심해진다. 보정 회로나 소프트웨어 알고리즘으로 컨트롤할 수 없는 수준까지 증가하게 되므로 더 작게 만들기가 쉽지 않은 셈이다.

멘토의 *Tip* ⑯ NAND의 최근 이슈 세 가지

NAND의 최근 세 가지 이슈를 정리해봅시다.

먼저, DRAM은 글로벌 3강(삼성전자, SK하이닉스, 마이크론) 체제인 데 반해 NAND는 글로벌 4강(삼성전자, 도시바와 샌디스크 진영, 인텔과 마이크론 진영, SK하이닉스) 체제로 굳어져 있다는 점을 확인해두기 바랍니다.

또한 NAND의 최근 이슈는 세 가지로 요약해볼 수 있습니다. ① NAND 가격이 매년 30~40%씩 하락하므로 매출액 하락을 방지하기 위해서는 가격 하락폭 이상의 생산량 증가를 이뤄야 한다는 점입니다. ② 2014년의 경우 도시바와 샌디스크 진영이 공급을 크게 늘리면서 삼성전자를 크게 압박하고 있다는 점입니다. ③ DRAM에 비해 NAND는 업체 간 공정 기술 격차가 상대적으로 적고 기술도 한계에 다다르고 있다는 점, 그래서 3D NAND로 승부처가 옮겨가고 있다는 점입니다.

NAND 수요에 영향을 미치는 요인들

a. 1등 공신 모바일 수요의 증가폭 감소로 NAND 수요 증가세 둔화

NAND 수요는 스마트폰 등 모바일 기기 수요에 가장 큰 영향을 받는다. NAND는 연간 12억 대 이상 팔리는 스마트폰과 태블릿PC의 유일한 저장 매체로 사용된다. 최근 스마트폰 성능이 높아지고 사용자들의 콘텐츠 소모량이 증가하면서 기기당 NAND 탑재량이 크게 증가하고 있다. 2012년 프리미엄 스마트폰의 기기당 평균 NAND 탑재 용량은 16G였고, 2014년에는 22G까지 증가했다. 2014년 애플이 발표한 아이폰6는 소비자들의 과거 선호모델인 32G가 출시되지 않고 16G, 64G 모델만 출시했다. 사용자들은 대부분 64G 모델을 선택했다. 애플 이외 회사들의 스마트폰도 이러한 트렌드를 따라가고 있다.

하지만 스마트폰, 태블릿PC 출하량 증가폭이 낮아지고 있어 NAND 수요에 부정적 영향을 미치고 있다. 2015년 예상 스마트폰 출하 성장률은 15%다. 태블릿PC는 오히려 감소해서 6% 줄어들 것으로 예상된다. 전 세계적인 스마트폰 보급률이 30%에 달하면서 성장세가 둔화되고 있다. 태블릿PC는 대화면 스마트폰에 시장을 뺏기면서 효용성 자체가 떨어지고 있다. 그 결과 기기당 탑재용량과 기기 출하량을 합쳐서 계산한 전체 모바일용 NAND 수요 증가세는 둔화되고 있다. 전년 대비 수요 증가폭이 2013년 51%, 2014년 27%에 이어 2015년 18%로 감소할 것으로 예상된다.

b. 미래 NAND 수요의 강력 견인, 빅데이터 분석을 위한 서버

　모바일 수요 증가가 둔화되는 현상은 서버 수요가 늘어나며 보완될 것으로 예상한다. 빅데이터 분석이 본격화 될 것이기 때문이다. 빅데이터는 오라클^{Oracle}, MySQL과 같은 기존의 관계형데이터베이스시스템(RDBMS: Relational Database Management System)으로는 관리할 수 없는 매우 복잡한 구조의 데이터다. RDBMS로 관리하는 데이터는 주로 판매 건수, 판매 물품, 고객 숫자 등과 같은 구조화된 데이터다. 빅데이터는 이미지, 동영상, 행동 패턴, 위치 정보처럼 수많은 센서에서 수집되는 비구조화된 데이터들이다. 과거 기업들은 RDBMS에서 분석이 가능한 데이터만 수집, 저장, 분석했다.

　하지만 최근에는 비구조화된 데이터, 즉 빅데이터도 수집, 저장, 분석하려는 시도를 하고 있다. 빅데이터는 구조화된 데이터와 비구조화된 데이터가 섞여 있어 복잡한 구조를 띄고 있고, 데이터 발생 빈도도 1초에 수십 번 이상이다 보니 데이터 규모도 수십 테라에서 수십 페타바이트에 달한다. 그래서 유연성이 낮은 기존의 RDBMS와 하드웨어에서는 분석이 힘들다.

　이를 해결하기 위해 등장한 새로운 기술이 하둡^{Hadoop}과 NoSQL(Not only SQL의 약자, 전통적인 관계형 데이터베이스 관리시스템을 보완하기 위해 등장한 데이터베이스다.)로 대표되는 비관계형데이터베이스시스템이다. 빅데이터의 수집과 분석은 이 새로운 데이터베이스의 등장으로 본격화될 수 있다.

'하둡'을 키워드로 관련 내용을 가볍게 살펴보기 바랍니다. 아파치 소프트웨어 재단에서 개발한 하둡의 프로그래밍 언어는 자바입니다. 위키피디아에 소개된 내용을 보면 하둡은 구글의 분산파일시스템(HDFS: Hadoop distributed file system) 논문이 공개된 후, 그 구조에 대응하는 체계로 개발되었다고 합니다. 하둡의 로고는 노랑색 아기코끼리인데 개발자인 더그 커팅의 아이가 가지고 놀던 장난감 코끼리 이름에서 따왔다고 하며, 코끼리는 바로 '빅데이터'를 상징합니다.

Fig 37

빅데이터(Big Data)의 정의

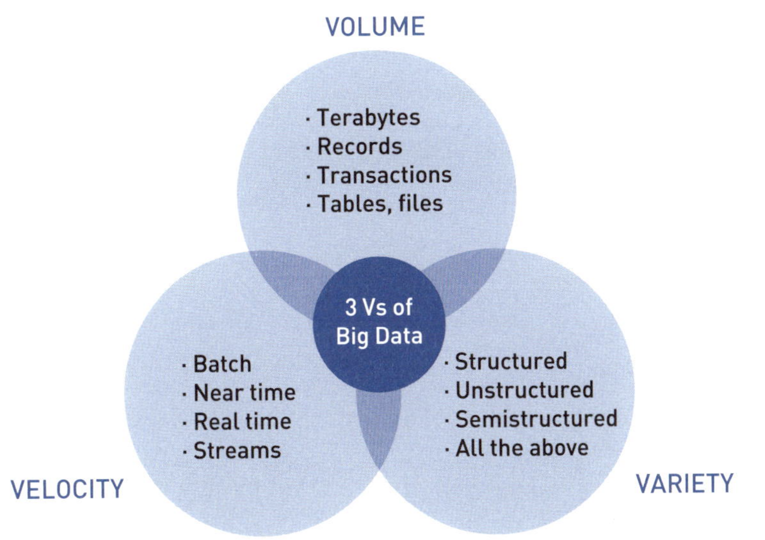

자료: 산업 자료, 미래에셋증권

RDBMS 구조

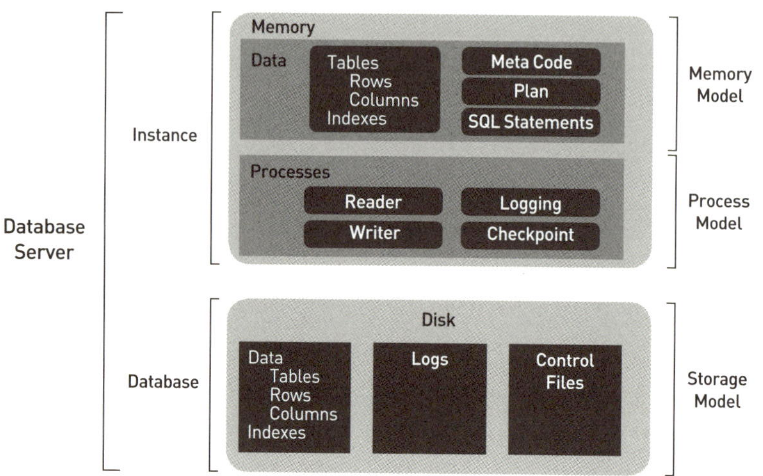

자료: 미래에셋증권

c. 더 빨라지고, 더 작아진 SSD

빅데이터 분석의 본격화로 인해 수혜를 받는 NAND 제품은 SSD(Solid State Drive)다. SSD는 NAND 제품 중 가장 고성능 제품이다. SSD는 주로 서버와 PC용 스토리지로 탑재된다. 빅데이터 분석을 위해서는 대용량 고성능 서버가 필요하다. SSD는 속도가 HDD(Hard Disk Drive) 대비 10배 이상 빠르고 전력 소모와 크기도 HDD 대비 훨씬 작다. 용량당 가격이 HDD 대비 6배 정도 비싸다는 단점이 있으나 워낙 성능이 월등해 최근 크게 성장하고 있다.

SSD는 과거 노트북PC 중심으로 사용되었다. 서버에서는 빠른 데이터 읽기가 중요한 캐쉬Cache와 분석용 서버 정도에 사용되었다. 서버는

0.1 ms	**Access times** SSDs exhibit virtually no access time.	**5.5 ~ 8.0** ms
SSDs deliver at least **6000** io/s	**Random I/O Performance** SSDs are at least 15 times faster than HDDs.	HDDs reach up to **400** io/s
SSDs have a failure rate of less than **0.5**%	**Reliablility** This makes SSDs 4-10 times more reliable.	HDD's failure rate fluctuates between **2~5**%
SSDs consume between **2 & 5** watts	**Energy savings** This means that on a large server like ours, approximately 100 watts are saved.	HDDs consume between **6 & 15** watts
SSDs have an average I/O wait of **1**%	**CPU Power** You will have an extra 6% of CPU power for other operations.	HDDs' average I/O wait is about **7**%
the average service time for an I/O request while running a backup remains below **20**ms	**Input/Output request times** SSDs allow for much faster data access.	the I/O request time with HDDs during back up rises up to **400~500** ms
SSD backups take about **6**hours	**Backup Rates** SSDs allows for 3~5 times faster backups for your data.	HDD backups take up to **20~24** hours

자료: Technofaq

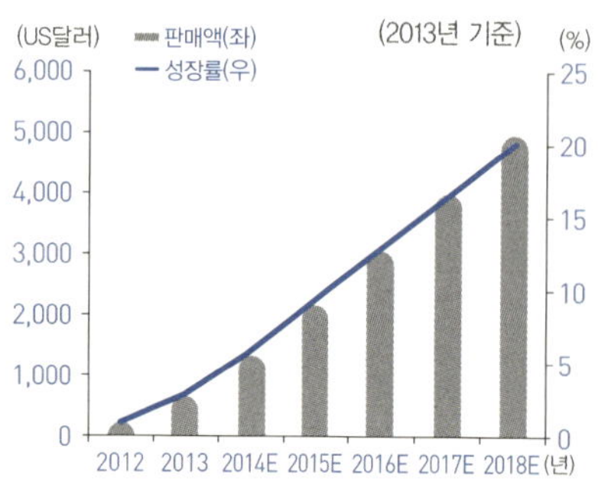

Fig 40

SSA(Solid-State Arrays)시장 규모

자료: Gartner

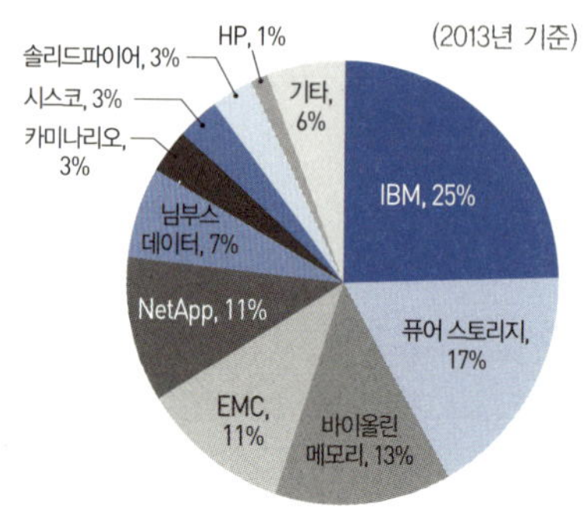

Fig 41

SSA시장 점유율

자료: Gartner

PC보다 데이터 신뢰도와 내구성이 훨씬 중요한데, 기존 SSD는 HDD 보다 속도는 빠르지만 신뢰도와 내구성 측면에서 떨어졌기 때문이다.

최근에는 상황이 달라지고 있다. SSD의 성능과 내구성, 신뢰도가 상승하면서 데이터 저장용 서버에도 SSD가 탑재되기 시작하고 있다. SSD를 구성하는 NAND는 태생적으로 내구성이 약하다. NAND는 컨트롤게이트의 전압 인가 여부에 따라 플로팅게이트와 폴리실리콘$^{Poly-Si}$웨이퍼에 있는 전자가 산화막을 통과해 데이터가 기록되는 구조다. 산화막은 플로팅게이트와 폴리실리콘 사이에 있는 막이다. 문제는 전자가 산화막을 통과하는 과정에서 일부 전자들은 산화막에 축적되고, 전자가 많이 축적되면 측정되는 저항값이 달라진다. 이를 해결하기 위해서는 더 높은 전압을 걸어야 한다. 이런 현상이 반복되면 전압값은 점점 더 높아지고, 전압이 일정 수준을 넘어서게 되면 데이터 기록 작업이 불가능하게 된다. 그러므로 NAND의 재기록 횟수는 SLC 10만

회, MLC 3,000~10,000회, TLC 1,000회 수준이다.

이를 해결하기 위해 NAND 업체는 웨어레벨링Wear Leveling, 가비지콜렉션Garbage Collection과 같은 기술을 만들었다. 웨어레벨링은 데이터를 기록할 때 실제 셀이 아닌 다른 셀에 기록을 하는 기술인데, 이는 특정 셀에 반복적으로 데이터가 기록되는 것을 막기 위해서다. 가비지콜렉션은 웨어레벨링 과정에서 기존 셀에 있는 데이터는 그대로 놔두고 체크만 한 후 추후에 처리하는 기술이다.

이러한 기술로 NAND의 수명은 증가하게 되었다. 하지만 초창기에는 기술의 알고리즘이 정교하지 못해서 크고 작은 문제들이 발생했었다. 최근에는 노하우가 많이 쌓이며 알고리즘이 점점 정교해지고 있어 HDD 대비 내구성과 신뢰도 측면에서 큰 문제가 없을 정도로 발전하고 있다.

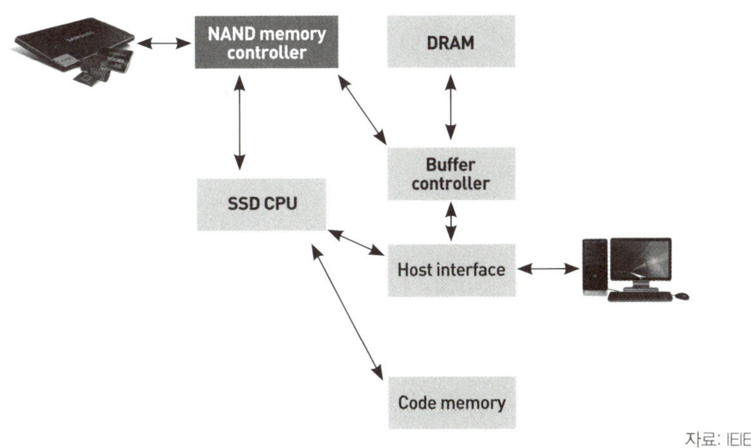

자료: IETE

SSD의 쓰기 작업

SSD는 구조상 문제로 가장 작은 단위의 데이터를 기록하기 위해서도 1 Block의 데이터 전체를 삭제해야 된다.

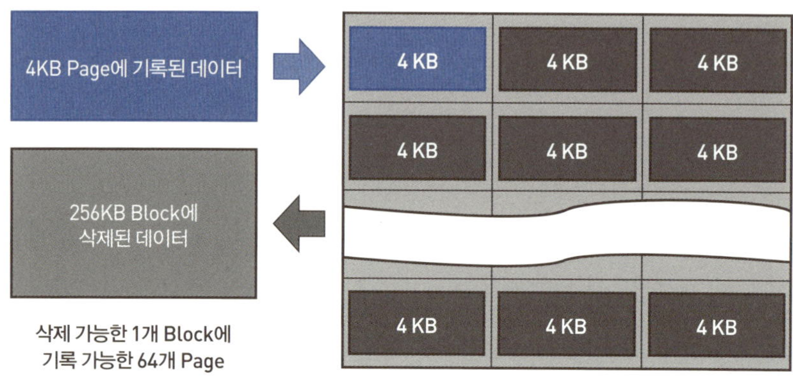

전형적인 NAND Page와 Block

자료: Qdpma

웨어레벨링과 가비지콜렉션

SSD는 쓰기와 지우기 속도 향상을 위해 컨트롤러에서 웨어레벨링과 가비지콜렉션이라는 작업을 하지만, 읽기 대비 병목 현상은 발생한다.

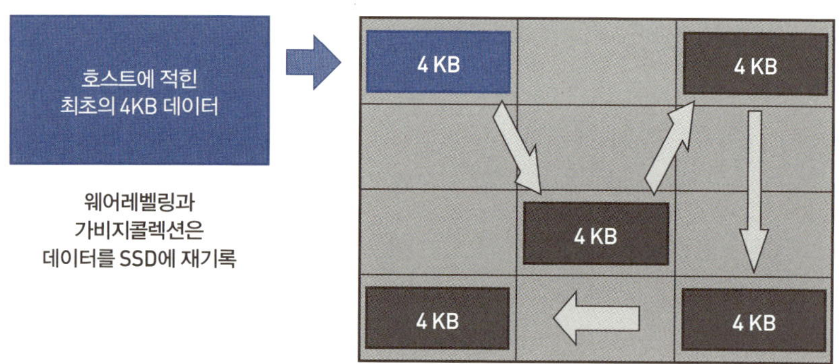

SSD플래시 메모리

자료: Qdpma

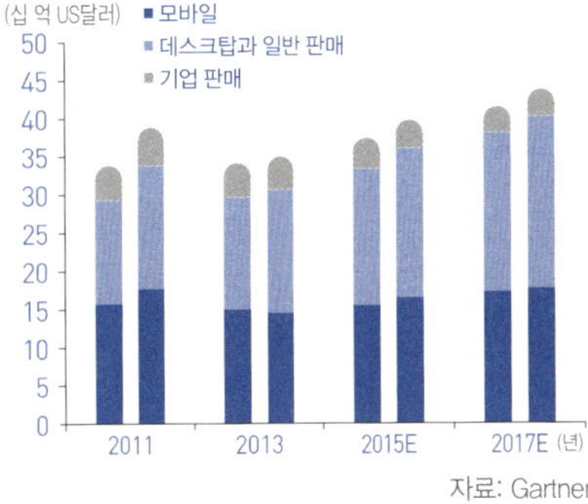

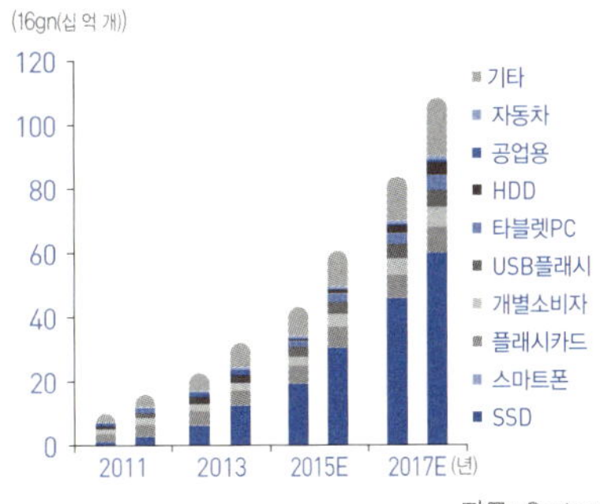

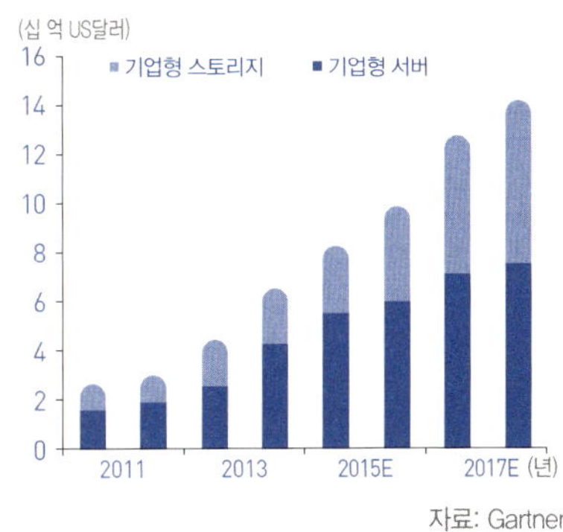

d. SSD 구매에 적극적인 페이스북과 구글

대규모로 서버를 구매하는 고객들도 최근 SSD 사용에 큰 관심을 보이고 있다. 세계 최대 SNS 업체 페이스북은 기존에는 SSD를 캐쉬 및 분석용 서버에만 썼다. 2015년 시점에는 SSD를 고성능이 필요하지 않고 접속 빈도가 낮은 전체 스토리지에 확대해서 사용하고 있고, 페이스북의 전체 스토리지를 모두 SSD로 대체할 것이라고 발표했었다.

이는 구매 비용이 6배 가량 비싼 SSD 사용으로 오히려 전체 비용을 줄일 수 있기 때문이다. SSD는 HDD처럼 물리적으로 구동되는 부분이 없어 전력 소모와 열 발생이 매우 적다. 인터넷 업체들이 운용하는 데이터센터 전체 비용의 40% 가량이 전력비인데, 전력비에서 50%는 냉각비다. SSD를 일정 시간 운용하면 전력비가 감소해서 전체 비용을 줄일 수 있다. SSD는 HDD 대비 크기도 훨씬 작아 데이터센터의 공간을 적게 차지한다. 이 역시 비용 감소로 이어질 수 있다.

페이스북, 구글 같은 데이터센터 운용 기술의 선도 업체가 SSD 구매에 매우 적극적이다. 이는 향후 다른 업체로 확산될 것으로 보인다. 데이터센터 대부분이 HDD를 SSD로 대체할 시기가 멀지 않았다고 판단한다. 이는 NAND, DRAM 수요에 크게 기여할 것으로 예상한다.

페이스북의 사용자 데이터베이스에 사용하는 플래시

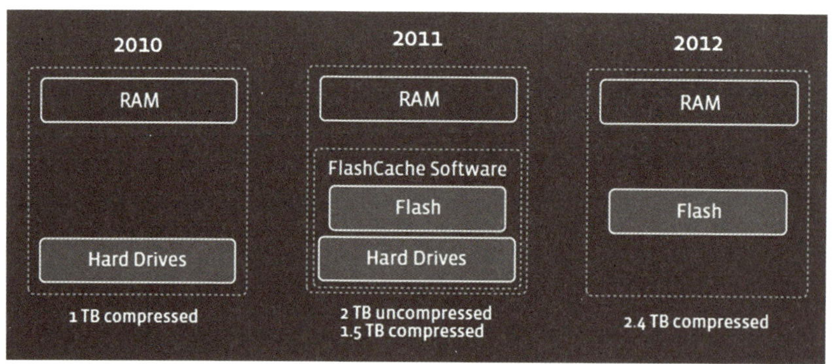

자료: Facebook

TCO(데이터센터 총운용 비용)은 HDD보다 SSD가 더 낮음

SSD의 개별 가격은 HDD 보다 훨씬 비싸다. 그러나 HDD는 데이터센터에서 냉각비와 서버 공간으로 인한 비용이 크게 들기 때문에, 총 운영비 측면에선 SSD가 이점이 있다.

**샌디스크 소프트웨어와 플래시가 훨씬 더 낮은
TCO(데이터센터 운영 총비용)에서 데이터베이스 수행력을 가속화시켜**

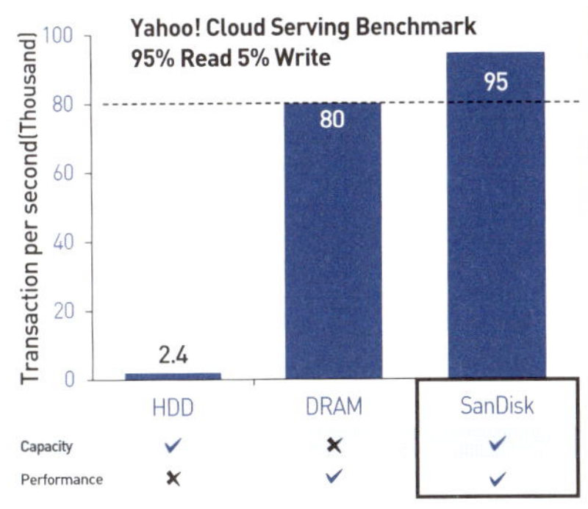

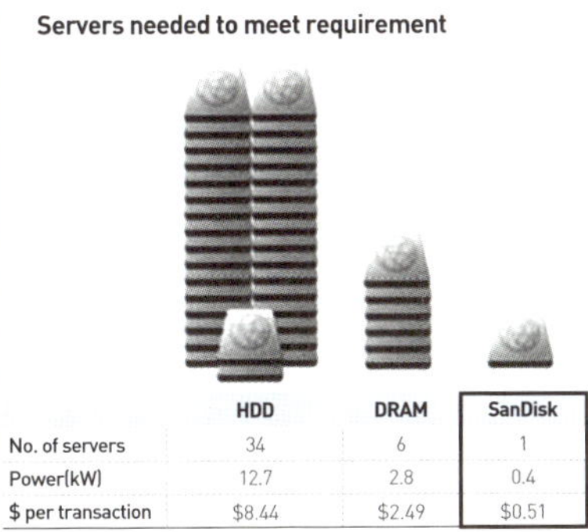

	HDD	DRAM	SanDisk
No. of servers	34	6	1
Power(kW)	12.7	2.8	0.4
$ per transaction	$8.44	$2.49	$0.51

자료: Sandisk

데이터센터 운영비용 개요

월 운영비의 25~40%를 전력과 관련된 비용이 차지한다.

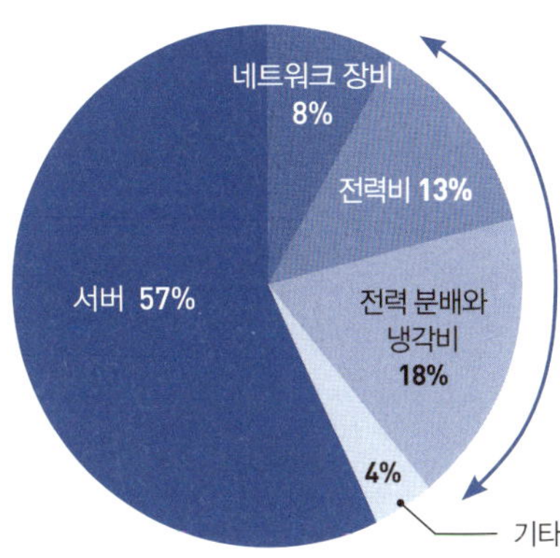

자료: IPC

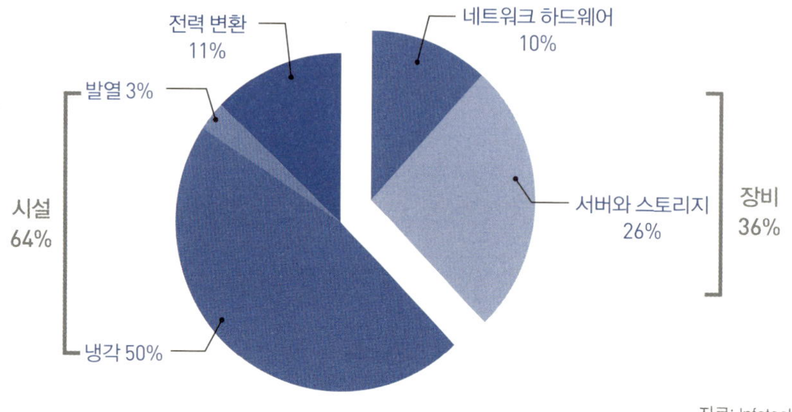

e. SSD로만 저장 매체를 구성한 올플래시 스토리지 어레이 출시

SSD로만 저장 매체를 구성한 서버도 출시되고 있다. 이를 '올플래시 스토리지 어레이(All Flash Storage Array)'라고 한다. 올플래시 스토리지는 퓨어스토리지Pure Storage, 바이올린메모리Violin Memory 등이 주도하고 있다. 이들 업체는 서버 설계단의 기술 개선을 통해 SSD의 내구성, 신뢰도, 성능을 더욱 증가시키고 있다. 이러한 흐름으로 서버에서 사용하는 HDD 수요의 상당수는 급속히 SSD로 대체될 것으로 전망한다.

2014년 기준 HDD시장 규모는 349억 달러다. 서버용 HDD시장은 100억 달러다. 서버용 HDD시장은 Tier0, Tier1으로 분류된다. Tier0는 데이터 분석 등 매우 높은 입출력 성능이 필요한 시장이고, Tier1은 Tier0보다는 낮지만 비교적 빠른 속도와 높은 신뢰성이 필요한 시장

올플래시 스토리지

자료: Pure Storage

올플래시 시장 구분

MARKET SEGMENT	CURRENT SOLUTIONS		NEXT-GENERATION SOLUTIONS		
"Tier 0" Ultra High Performance $20-50 / GB usable	DRAM or Flash Appliances	*tms* Texas Memory Systems, Inc.	Performance- Optimized Flash Appliances	Violin MEMORY Xtrem IO kaminario. Simply Faster	1M+IOPS < 500us consistent latency
"Tier 1" High Performance Enterprise Apps &5-10 / GB usable	Flash Caching/ Tiering 5% Flash 95% Disk	EMC² where information lives· HITACHI DATA SYSTEMS IBM 3PAR Serving Information	Cost-Optimized All-Flash Array PURESTORAGE		100Ks of IOPS < 1ms consistent latency
"Tier 2" Mid-Market Storage < $3 / GB usable	SATA Disk	DELL EQUALLOGIC LeftHand NETWORKS	Flash/ SATA Tiering	nimblestorage TINTRI	10Ks of IOPS < 10ms average latency

자료: Pure Storage

이다. Tier0시장 비중은 10% 수준이고, Tier1은 30% 수준인데, 초고성
능이 필요한 Tier0시장은 단기간 내 SSD로 모두 대체될 것이다. Tier1
시장은 초창기에 SSD와 HDD가 혼합된 하이브리드 스토리지가 대체

할 것이고, 이후 올플래시 스토리지가 대체할 것으로 예상된다.

2014년 기준 전체 NAND시장 규모는 299억 달러다. 이 중 SSD는 149억 달러, 서버용 SSD는 65억 달러다. HDD보다 SSD의 단가가 6~7배 비싼 것과 NAND 가격의 하락 감안, 또 Tier0 스토리지가 HDD에서 SSD로 대체된다고 가정하면, 2017년 NAND시장은 507억 달러로 2014년 대비 70% 성장할 수 있을 것으로 보인다. 추가적으로 SSD가 Tier1 스토리지의 20%를 대체한다고 가정하면 2017년 NAND시장은 565억 달러로 89% 성장할 수 있을 것으로 예상된다.

f. 노트북PC의 SSD 사용 지속적으로 늘어

SSD가 주로 탑재되던 노트북PC에서도 SSD 사용률이 더욱 올라갈 것으로 보인다. 2014년 기준 노트북PC의 SSD 탑재율은 30%였다. 하지만 SSD와 HDD의 성능 차이가 계속 커질 것이기 때문에 향후 100%에 가까워질 것으로 예상된다.

기존 SSD는 PC와 연결할 때 사타SATA라는 HDD용 인터페이스를 사용했다. 원래 SSD는 반도체이므로 물리적으로 디스크가 회전하는 HDD와 구조 자체가 다르다. 그런데 사타는 HDD용 인터페이스라 SSD가 사용하면 병목현상이 심해진다. 그래서 최근 사타는 그래픽카드용 인터페이스로 개발된 반도체 기반의 PCI익스프레스PCI-E로 대체되고 있다. SSD를 PCI-E 인터페이스에 꽂으면 병목현상이 줄어든다. SSD 전용 차세대 인터페이스도 등장했다. MCS(Memory Channel Storage)와 NVMe(Non-Volatile Memory Express)다. 차세대 인터페이스가 SSD 주력 인터페이스로

MCS 인터페이스가 적용된 SSD

Flash Storage Experts

- Guardian Technology
- SSD controller & FTL firmware
- Supply Chain, Manufacturing & Test
- Sales & Marketing

Memory Channel Experts

- DDR3 to SSD controller/firmware
- Architecture development
- Software driver & API development
- Application Expertise

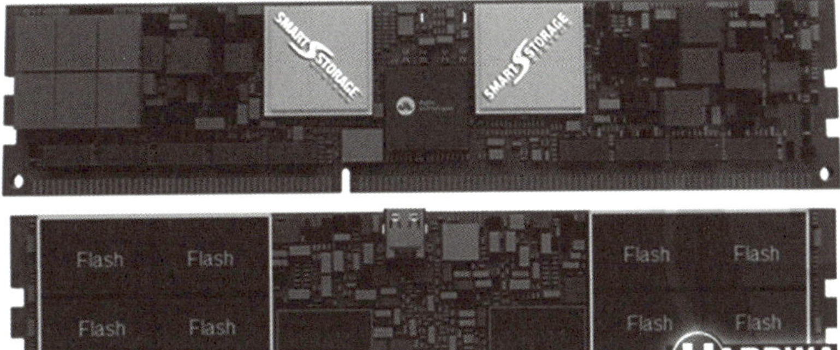

자료: Diablo

NVMe 인터페이스

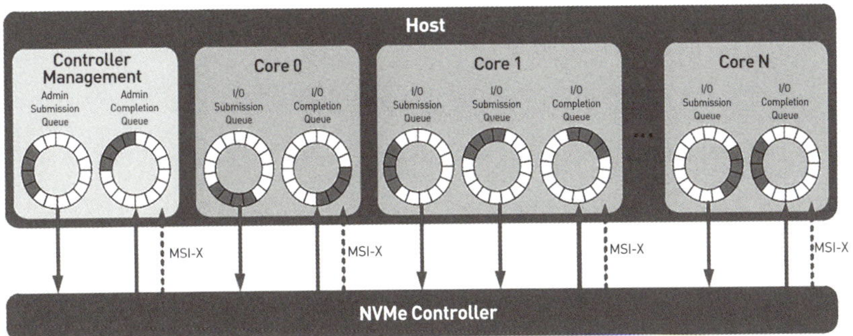

자료: Dell

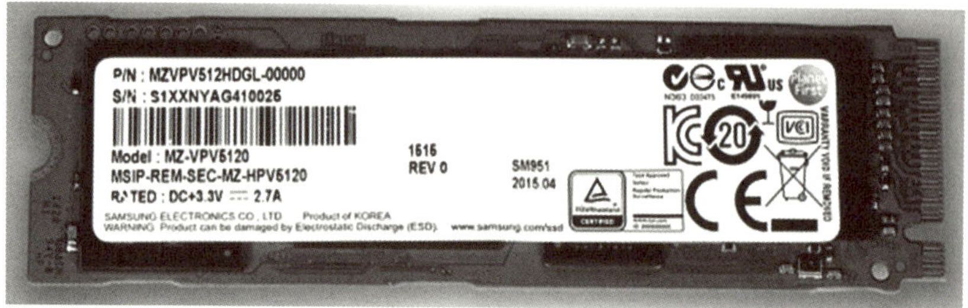

자료: 삼성전자

채용되면 SSD의 성능은 HDD와 비교할 수 없을 정도로 빨라질 것으로
예상되고, 이는 SSD의 수요 증가에 기여할 수 있을 것이다.

멘토의 Tip ⑰　　　　　SSD시장 동향 정리하기

SSD시장 동향을 다섯 가지로 정리해봅시다.

SSD시장 동향은 다섯 가지로 정리해볼 수 있습니다. ① SSD로만
저장 매체를 구성한 올플래시 스토리지 어레이가 등장했으며 퓨어스토리
지와 바이올린메모리 두 회사가 주도하고 있습니다. ② 2014년 기준 HDD
시장 전체 규모는 349억 달러이며 그중 서버용은 100억 달러 수준입니
다. ③ 초고성능이 요구되는 Tier0시장의 경우 단기간 내 SSD로 모두 대
체될 것으로 예상됩니다. ④ 2014년 기준 NAND시장 전체 규모는 299
억 달러이며 그중 SSD는 149억 달러, 그리고 서버용 SSD는 65억 달러입
니다. 또한 최근 SSD 수요 확대가 가속화되면서 2017년 NAND시장의 규
모는 565억 달러로 커질 것으로 예상됩니다. ⑤ 페이스북과 구글 같은 대

규모 서버를 운영하는 고객들이 전력소비와 냉각비용 측면에서 크게 유리한 SSD 사용에 큰 관심을 가지기 시작했습니다. 여기에 개인 노트북과 PC의 SSD 채용 비율도 지속적으로 높아지고 있습니다.

이런 시장동향은 되도록 자주 반복해서 익혀두기 바랍니다. 만일 면접에서 시장동향 관련 질문을 받았을 때 50%만 제대로 대답해도 강한 인상을 심어줄 수 있기 때문입니다.

관련 자료 찾아보기 ⑬
검색 키워드, '삼성전자 SSD'

'삼성전자 SSD'를 키워드로 관련 내용들을 정리해보기 바랍니다. 2014년 삼성전자는 SSD 시장에서 2013년 대비 매출이 거의 두 배 늘어난 39억 9,600만 달러를 달성했습니다. 세계시장 점유율도 34%를 차지했습니다. 2위인 인텔의 19억 9,900만 달러와 3위 샌디스크의 19억 1,500만 달러를 합친 액수입니다. SSD의 유일한 단점으로 지적되었던 높은 가격을 트리플레벨셀TLC과 3D 공정기술로 해결한 결과입니다. 언론에 소개된 기사들을 종합해보면 기존 상위 5개 SSD업체들의 공통점은 NAND와 SSD를 직접 생산하고 있다는 점이며, 향후 성패는 NAND·SSD의 수직계열화(자신이 만든 것을 자신이 직접 사용하는 구조를 말하며, 이를 위해서는 하드웨어 제조와 소프트웨어 개발 능력을 고루 갖추어야 함)와 컨트롤러 기술력에 달려 있다는 평가입니다.

더 알아보기 1 - 빅데이터

• 빅데이터 처리용 소프트웨어 플랫폼 하둡 등장

하둡은 자바 기반의 오픈소스 소프트웨어다. 자바는 프로그래밍 언어의 일종이고, 오픈소스는 무상으로 공개된 소프트웨어의 설계도 소스코드다. 하둡은 이 소스로 하둡은 누구나 해당 소프트웨어를 개선하고 다시 배포할 수 있는 소프트웨어다.

아파치Apache에서 개발을 주도한 하둡의 등장으로 본격적인 빅데이터 처리가 가능해졌다.

하둡은 2005년 구글의 엔지니어 더그 커팅과 마이크 캐퍼렐라가 개발했다. 하둡의 특징은 대규모 데이터를 여러 대의 저렴한 서버로 분산·저장·처리한다는 것이다. 기존에는 대규모 데이터는 고성능 서버에서 처리해야 한다고 생각했다. 하둡은 기존 시스템 대비 빅데이터를 처리하는 데 훨씬 효율적인 모습을 보여주었다. 최근 빅데이터를 분석하고자 하는 인터넷·금융·통신 분야의 업체 대부분이 하둡을 선택하고 있다.

▼ 하둡의 구조

하둡은 HDFS(Hadoop Distributed File System)와 맵리듀스로 이루어졌다. 큰 규모의 데이터를 HDFS를 통해 여러 대 서버에 분산 저장하고, 저장한 데이터는 맵리듀스를 통해 분산 처리한다. 이로써 기존 데이터베이스에서 처리하기 어려운 대용량 데이터를 빠르게 처리할 수 있다.

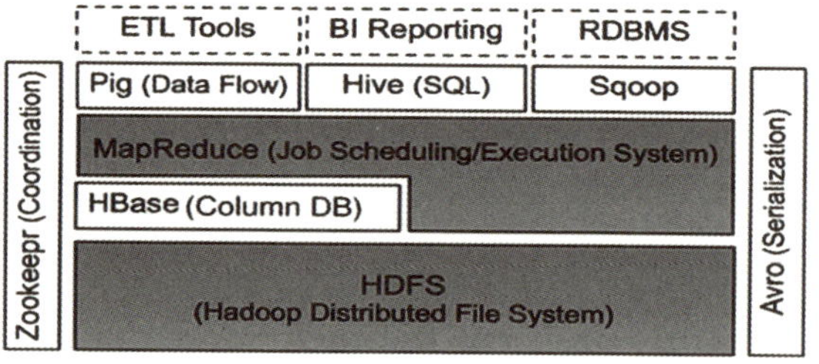

자료: Cloudera

▼ 하둡분산파일시스템(HDFS) 아키텍처

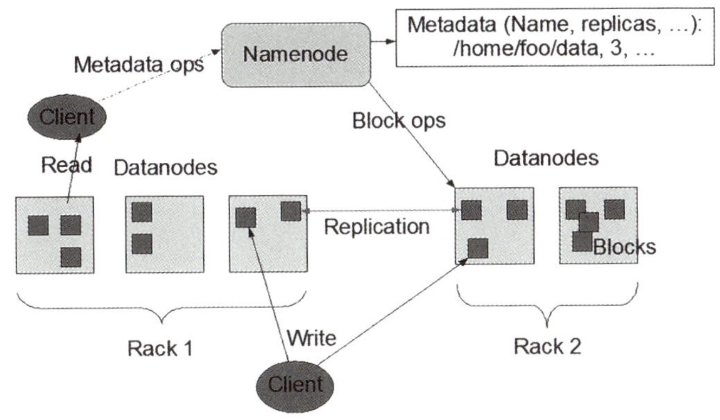

자료: Apache

▼ 맵리듀스의 사례 - Word Count Process

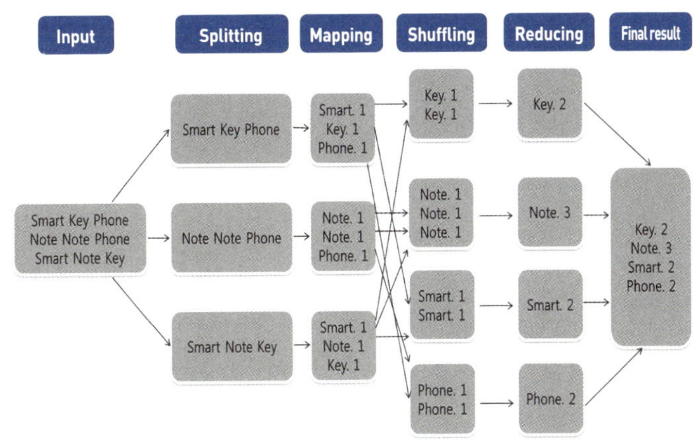

자료: 미래에셋증권

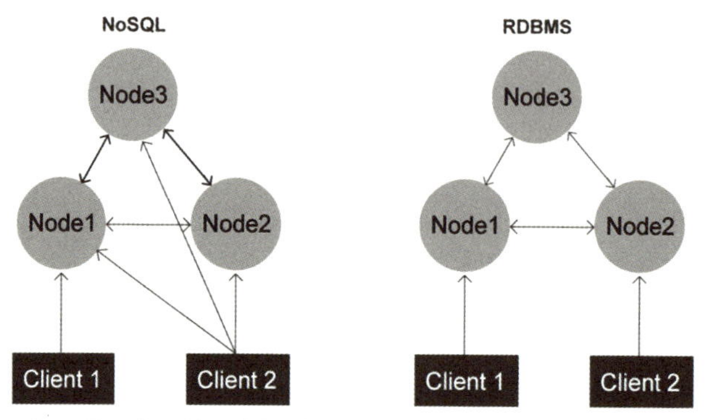

• 빅데이터 분석, 2015년 실제 활용도 아직 낮아

빅데이터 분석은 2015년 시점에서 제대로 시행하고 있는 기업이 거의 없다. 몇 년 전부터 언론에서 보여 온 관심의 정도와는 대조적이다. 일본의 IT전문 시장조사회사인 가트너재팬 조사에 의하면 조사 대상 기업의 6%만 빅데이터 분석을 하고 있다고 답변했다. 분석을 하지 않은 기업들의 이유는 '방법을 몰라서'였다. 미국 가트너 조사에서도 분석을 하지 않는다고 답변한 기업의 48%는 '방법을 몰라서'였다. 빅데이터 분석은 이제 막 시작 단계인 셈이다.

빅데이터 분석을 하기 위해서는 하둡, NoSQL과 같은 새로운 DB를 다룰 줄 아는 기술이 필요하다. 새로운 DB는 다루기가 매우 어렵다. 하둡은 맵리듀스(MapReduce, 구글에서 대용량 데이터 처리를 분산 병렬 컴퓨팅에서 처리하기 위해 제작한 프레임 워크)라는 생소한 프로그래밍 패턴을 익혀야 한다. 그런데 초창기 기술이라 이 소프트웨어를 제대로 다룰 수 있는 엔지니어가 많지 않고, 오픈소스라서 생기는 문제도 있어 개발은 현재 진행형이라고 할 수 있다. 당연히 아직 고객 서비스가 존재하지 않아 신뢰하기 어려운 점이 있다.

이러한 단점을 해결하기 위해 등장한 것이 배포판Distribution 제작 업체다. 배포판은 소프트웨어 업체나 커뮤니티가 오픈소스 소프트웨어를 사용자들이 사용하기 쉽게 수정하고 다듬어서 만든 패키지를 뜻한다. 하둡 배포판은 클라우데라Cloudera, 호튼웍스Hortonworks, 맵알MapR 등에서 만든다. 배포판 제작 업체는 배포판을 만들어서 고객 업체에 제공하고 이를 지원하는 유료지원계약을 맺는다.

• 빅데이터 분석용 DB의 예상 성장 방향: 리눅스Linux와 비교

2015년 서버OS시장의 47%를 점유한 리눅스도 이러한 경로로 성장하였다. 리누스 토발즈Linus Torvalds라는 개인과 커뮤니티가 만든 오픈소스 OS인 리눅스는 초창기 개인이나 전문 IT 업체 위주로 사용되었다. 쓰기가 어렵고 고객 지원이 없었기 때문이다. 레드햇과 같은 유료 배포판 제조사들이 등장한 후 고객지원이 가능해지자 일반 기업들도 리눅스를 도입하기 시작했다.

하둡과 같은 빅데이터 분석용 DB도 같은 패턴을 보이며 성장할 것으로 예상된다. 아직까지는 배포판이 종류가 많아 배포판과 표준의 혼란기다. 조만간 리눅스의 레드햇과 같은 시장의 헤게모니를 쥐는 제품이 나와야 하는데 아직까지는 그렇지 못하다. 2014년부터 업계의 변화 조짐이 보이기 시작했는데, 특히 클라우데라라는 업체가 급성장하고 있다. 2014년 4월 인텔은 자체적으로 개발하는 하둡 배포판을 중단하고, 클라우데라에 7억 4,000만 달러를 투자해서 지분 18%를 확보하고 개발을 지원하게 되었다. 이어 여러 벤처캐피탈이 클라우데라에 투자했고,

자금을 확보하며 클라우데라의 역량은 증가하고 있다. 2015년 5월 클라우데라가 투자받은 후 공개한 첫 성적표는 고객사 수 85% 증가, 서비스 매출 전년대비 100% 증가였다. 빅데이터 전문 업체들이 자금 확보를 통해 규모의 경제를 창출할 수 있다면 얼마나 빠르게 성장할 수 있는지를 보여주는 성적이었다.

▼ 리눅스의 성장(레드햇 매출액 추이)

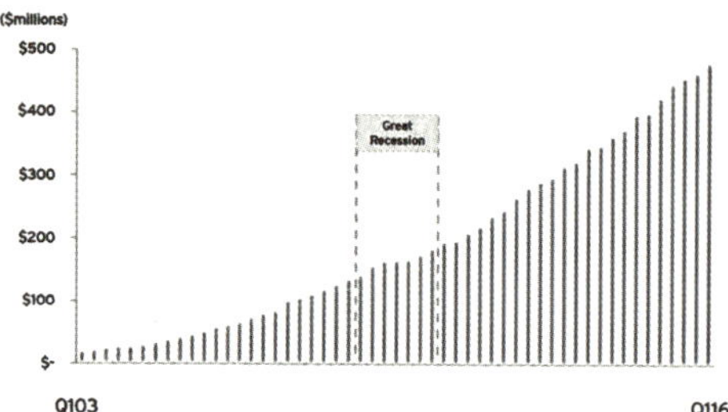

자료: Redhat

▼ 클라우데라 플랫폼

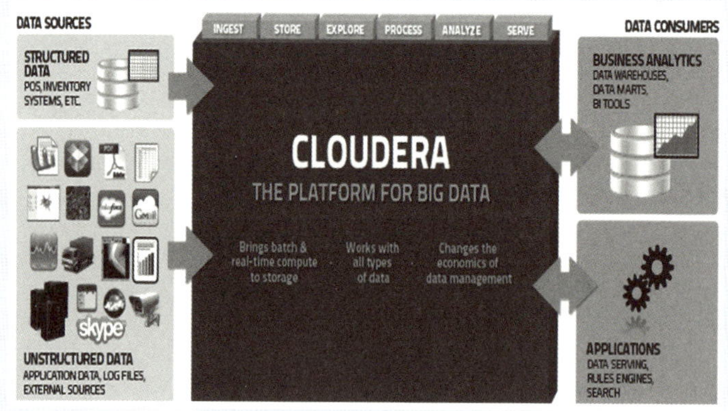

자료: Cloudera

하둡의 사용하기 어렵고 데이터 처리 속도가 느리다는 단점을 근본적으로 해결하는 제품으로 'SQL On 하둡'과 '스파크Spark' 등이 등장하고 있다. 이 중 특히 주목받고 있는 스파크는 버클리대학에서 만든 오픈소스 빅데이터 처리 소프트웨어다. 하둡은 새로운 프로그래밍 패턴을 익혀야 하지만 스파크는 쓰기 쉽다. 스파크는 파이썬Python, 스칼라Scala 등 사용하기 쉬운 스크립트 언어에 대한 지식만 있으면 된다. 뿐만 아니라 스파크는 데이터를 HDD 같은 스토리지가 아닌 DRAM과 같은 시스템 메모리에 저장하는 인메모리(In-Memory) 처리를 하므로 속도도 매우 빠르다.

시장을 주도하는 업체의 등장과 새로운 기술들의 개발로 빅데이터 분석 수요는 본격적으로 증가할 것으로 예상된다.

▼ 아파치 스파크의 스택 구조

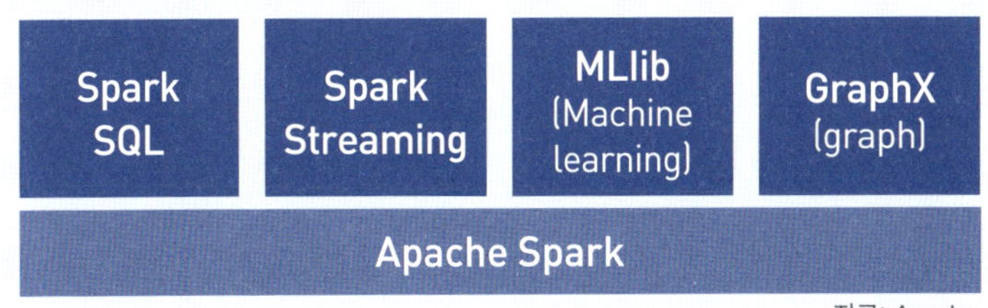

자료: Apache

▼ 하둡과 스파크의 로지스틱 회귀(Logistic Regression) 속도

스파크의 데이터 처리 시간이 하둡에 비해 월등히 적게 걸려, 속도가 매우 빠름을 알 수 있다.

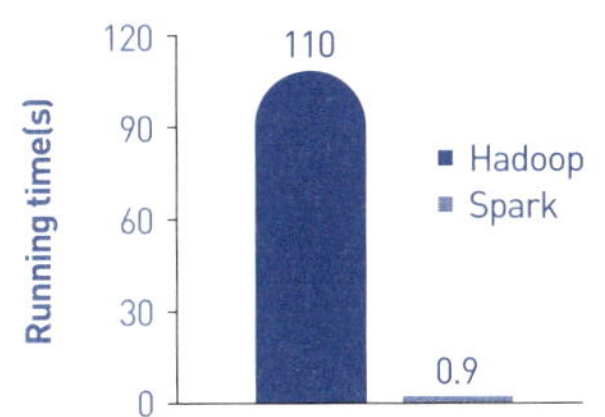

자료: Apache

▼ 스파크의 Transformations*와 Actions**

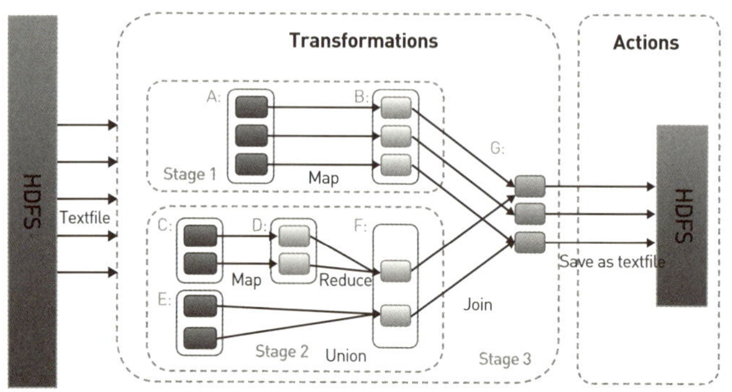

* Transformations: Map, Filter, Recude, Join 등 데이터의 맵리듀스보다 많은 데이터 조작 과정
**Actions: 트랜스포매이션의 결과를 가져오는 과정

자료: Industry Data

멘토의 *Tip* ⑱　　빅데이터와 하둡 관련 동향 정리하기

빅데이터와 하둡 관련 다섯 가지 동향을 정리해봅시다.

빅데이터와 하둡 관련 동향을 다섯 가지로 정리해볼 수 있습니다. ① 하둡의 배포판 업체가 등장했다는 점입니다. 현재 3종의 배포판이 있는데 제조사는 클라우데라, 호튼웍스, 맵알입니다. ② 빅데이터 분석용DB도 리눅스의 성장 궤적을 따를 가능성이 높다는 점입니다. 리눅스는 '개인 및 전문 IT 업체 위주 사용 → 레드햇 같은 유료 배포판 업체 등장으로 시장활성화 → 고객지원 가능해지면서 일반기업 도입' 이라는 확산 경로를 보였습니다. ③ 2014년부터 클라우데라가 급성장하면서 레드햇 같은 시장 리더로서의 입지를 다지고 있다는 점입니다. ④ 사용하기 어렵고 데이터 처리 속도가 느린 하둡의 단점을 근본적으로 해결해주는 제품이 등장했다는 점입니다. 바로 스파크입니다. ⑤ 스파크는 데이터를 HDD가 아닌 DRAM 같은 시스템 메모리에 저장하므로 삼성전자의 메모리반도체 사업 영역과도 연관성이 높다는 점입니다.

'빅데이터 인 메모리'를 키워드로 관련 자료를 찾아보기 바랍니다. 데이터베이스는 데이터를 저장 및 관리하고, 사용자가 필요할 때 정보를 쉽고 빠르게 가져올 수 있도록 하는 시스템을 말합니다. 하지만 빅데이터의 개념에서 보면 기존 데이터베이스는 효율적이지 못합니다. 데이터를 처리하기 위해서는 디스크에서 데이터를 가져와 메모리에 올린 뒤 CPU에서 처리해야 하는데, 데이터 양이 방대해지면 연산 속도가 현저히 떨어지기 때문입니다. 그 대안은 모든 데이터를 메모리에 올려두고 작업을 할 수 있는 '인 메모리(In-memory)' 데이터베이스인 것입니다.

메모리반도체 업계의 핫이슈 3D NAND

3D NAND는 최근 메모리 업계에서 가장 이슈인 제품이다. 3D NAND는 반도체 공정 패러다임을 바꾸었다. 1950년대 반도체가 개발된 이

후 모든 반도체는 소자가 1층으로 집적되었고, 소자의 크기를 점점 축소시키며 반도체 집적도를 향상할 수 있었다. 그런데 1층 구조로 되어 있는 평면 NAND는 집적도를 높이기 위해 소자를 너무 작게 축소하고, 인접 소자와의 거리를 너무 좁히다 보니 소자가 작동할 때 옆 소자에 간섭하는 크로스토크현상이 발생했다. 15/16nm 공정에서는 이러한 문제를 컨트롤할 수 없을 정도가 되었다.

그 결과 소자를 여러 층 쌓는 방법으로 만든 3D NAND가 만들어졌다. 3D NAND는 크로스토크 문제를 근본적으로 해결한 제품이다. 바로 소자를 옆으로 회전시켜서 위로 쌓는 방법을 택한 것이다. 건축에 비유하자면 평면 NAND가 일정한 면적의 땅에 1층 주택을 최대한 작게 만들고 빽빽하게 붙여 짓는 것이라면 3D NAND는 고층 아파트를 짓는 것이다. 밀도가 높은 1층 주택들은 인접한 집의 소음이 들리고 집의 내구성도 약하다. 하지만 고층 아파트는 층수를 올리면 집적도가 올라가기 때문에 빽빽하게 집을 지을 필요도 없고, 콘크리트로 단단하게 지어서 내구성이 훨씬 높아진다. 자연히 크로스토크 현상도 사라진다. 층수는 이론적으로 1,000층까지 가능하며 집적도의 한계도 사라진다.

a. 삼성전자, 3D NAND 세계 최초 양산하다

3D NAND는 일본의 도시바가 개발했으나 양산은 삼성전자가 2013년 세계 최초로 했다. 2015년까지도 3D NAND를 양산할 수 있는 회사는 삼성전자가 유일하다. 경쟁업체 도시바는 노후된 팹2를 허물고 3D

NAND 전용 공장을 새로 짓고 있는데 2016년 완공 예정이다.

램프업(수율 상승) 기간을 고려하면 2016년 하반기부터 본격적인 양산이 시작될 것으로 보인다. 마이크론과 인텔 역시 싱가포르에 공장을 착공했고, 2016년 완공하여 2016년 하반기부터 양산을 계획 중이다. SK하이닉스는 2016년 초 청주공장에서 생산을 계획 중이다.

3D NAND의 집적도와 생산단가를 평면 NAND와 비교해보자. 대략 32층 3D NAND가 15/16nm 평면 NAND보다 생산단가가 조금 높고, 48층 이상이 되면 확실히 15/16nm 평면 NAND보다 생산단가가 낮아져 경쟁력이 높아진다.

b. 3D NAND에서 삼성전자 따라올 기업 당분간 없어

2015년 삼성전자는 32단으로 3D NAND를 양산 중인데 4분기부터는 48단 3D NAND를 양산할 예정이다. 경쟁 업체들이 2016년 양산 계획 중인 제품들은 40단 이하 제품이니, 2016년에도 삼성전자가 3D NAND에서 주도권을 놓치지 않을 것이라 예상할 수 있다.

뿐만 아니라 2016년 이후 삼성전자의 NAND시장 장악력은 더욱 강해질 것으로 예상된다. 15/16nm 평면 NAND 공정 개발이 거의 한계에 다다랐기 때문에 이후 집적도 향상 및 생산단가 하락은 3D NAND로만 가능하기 때문이다. 삼성전자는 3D NAND에 빠른 속도로 투자하며 양산 중이고, 2015년 연말 평면 NAND보다 단가 면에서 우월한 48단 3D NAND까지 생산 예정이다. 삼성전자의 경쟁사들은 15/16nm 평면 NAND에서 3D NAND로 이전에 공백이 있어 2016년 하반기에나

3D NAND 양산이 가능하다.

삼성전자는 중국 시안에서 3D NAND를 생산하고 있다. 시안 공장은 삼성전자 최초의 해외 반도체 공장으로, 대규모 투자와 중국 정부 지원을 통해 2013년부터 생산 중이다. 해외 공장에 가장 최신 공정을 적용했다는 것은 중국시장을 잡겠다는 삼성전자의 의지가 반영된 것이다. 2015년까지는 첫 단계 투자를 끝낸 셈이고, 이어 두 번째 단계로 생산역량을 키우기 위한 투자를 진행 중이다.

Fig 58

삼성전자 V-NAND(3D NAND) 구조

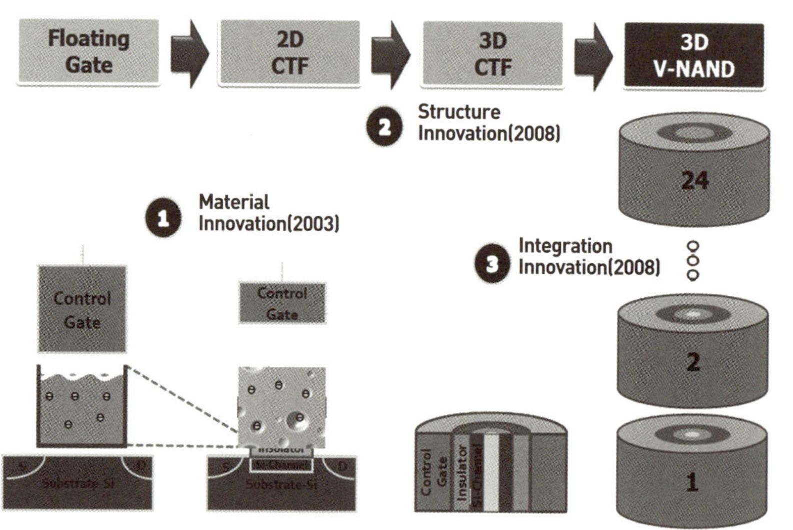

자료: Diablo

삼성전자 V-NAND SSD

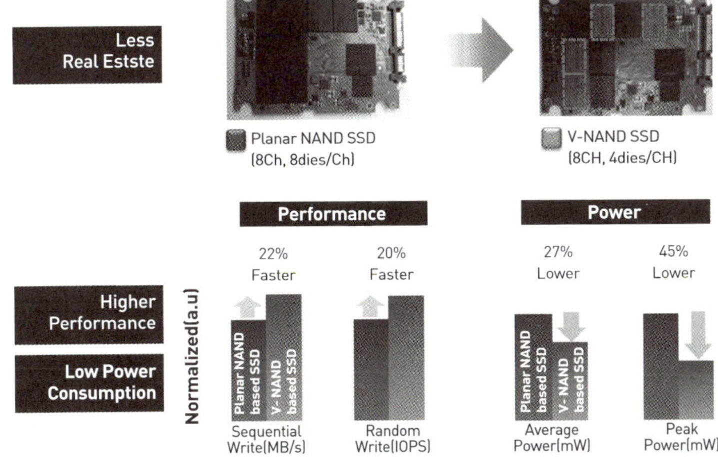

자료: Diablo

멘토의 *Tip* ⑲　　3D NAND의 세 가지 흐름 짚어보기

3D NAND의 세 가지 흐름을 짚어봅시다.

3D NAND와 관련해서는 세 가지 사실을 정리해볼 수 있습니다. ① 3D NAND는 도시바가 최초 개발했으나 세계 최초로 양산에 성공한 회사는 삼성전자라는 점입니다. ② 3D NAND는 48단 이상 적층되면 생산 단가 측면에서 평면 NAND에 비해 크게 유리해진다는 점입니다. ③ 삼성 전자는 3D NAND를 최초의 해외 반도체 공장인 중국 시안에서 생산하고 있다는 점입니다. 이는 중국시장을 염두에 둔 전략이라는 전문가의 평가 입니다.

08

시스템반도체의 핵심, 모바일의 두뇌 AP

삼성전자의 AP(Application Processor) 생산과 파운드리(Foundry, 반도체 위탁생산) 사업은 반도체 사업부 시스템LSI부문에서 담당한다.

과거 삼성전자를 비롯해 국내 반도체 산업은 메모리에 편중되어 있고, 시스템LSI사업부의 비중이 낮았다. 최근에는 삼성전자의 비메모리 제품 경쟁력이 상승하며 시스템LSI사업부도 삼성전자 내에서 매우 중요한 사업부로 변화하고 있다.

스마트폰의 핵심 반도체 AP

AP는 스마트폰이나 태블릿PC의 두뇌 역할을 하는 반도체다. 컴퓨

자료: 삼성전자

터의 두뇌 역할을 하는 반도체를 CPU라고 부르는데, AP는 CPU와 시스템 장치를 조종하는 반도체들을 한 개의 칩으로 묶어서 만든 반도체다. 컴퓨터는 모바일에 비해 공간의 여유가 있으므로 여러 기능을 하는 반도체들을 각각 따로 탑재한다. 하지만 대부분의 모바일 기기는 컴퓨터에 비해 공간이 좁아, 탑재되는 반도체가 아주 작은 크기여야 한다. 이런 조건 때문에 모바일에는 여러 칩들을 한 개로 묶은 AP를 탑재한다.

2015년 AP시장은 춘추전국시대

CPU시장은 미국 인텔이 수십 년 동안 독점하며 시장 구도의 큰 변화가 없었다. 하지만 AP시장은 다르다. 스마트폰 등 모바일 기기의 역

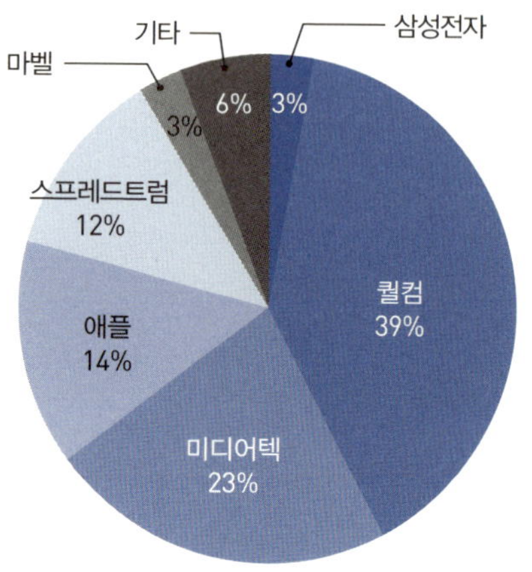

사가 아직 10년이 채 되지 않다 보니 인텔과 같은 독점 업체가 나타나
지 않았다. 2015년 현재 여러 업체들이 치열한 경쟁을 벌이고 있고, 삼
성전자도 그들 중 하나다. 업체별 AP시장 점유율은 퀄컴Qualcomm 39%,
애플 14%, 미디어텍MediaTek 23%, 스프레드트럼Spreadtrum 12%, 삼성전자
3%다.

a. 퀄컴, 통신기술이 강점

업체마다 강점과 약점이 존재한다. 먼저 시장점유율 1위 퀄컴의 강
점은 통신기술이다. 과거 피처폰 시절부터 통신사들과 쌓아놓은 관계
가 두텁고, 통신모뎀Base Band Chip기술도 월등하다. 그러다보니 스마트
폰을 구매하는 통신사가 퀄컴 모뎀을 선호하고, 스마트폰 제조사들은

AP는 타사 제품을 쓰더라도 통신 모뎀은 퀄컴 제품을 써야 하는 경우가 많다. 퀄컴은 2014년 하반기까지 LTE 모뎀시장 점유율이 90%를 상회했다.

또 퀄컴은 통신기술 우위를 AP시장 전략에 이용해서 통신모뎀칩과 AP를 하나로 묶은 통합칩을 만들어서 판다. 스마트폰 제조사들이 LTE 스마트폰을 만든다고 가정해보자. 스마트폰 제조사들은 LTE 모뎀칩

Fig 62

퀄컴 64비트 AP 라인업

	Snapdragon810	Snapdragon808	Snapdragon615	Snapdragon610	Snapdragon410
Internal Model	MSM8994	MSM8992	MSM8936	MSM8939	MSM8916
Manufacturing	20nm	20nm	28nm LP	28nm LP	28nm LP
CPU	4 x ARM Cortex A57 4 x ARM Cortex A53 (big.LITTLE)	2 x ARM Cortex A57 4 x ARM Cortex A53 (big.LITTLE)	8 x ARM Cortex A53	4 x ARM Cortex A53	4 x ARM Cortex A53
ISA	32/64-bit ARMv8A-A	32/64-bit ARMv8A-A	32/64-bit ARMv8A-A	32/64-bit ARMv8A-A	32/64-bit ARMv8A-A
GPU	Adreno 430	Adreno 418	Adreno 405	Adreno 405	Adreno 306
Memory Interface	LPDDR4 2x32@1600MHz	LPDDR3 2x32@933MHz	Single channel LPDDR3 800MHz	Single channel LPDDR3 800MHz	LPDDR2/LPDDR3 @533MHz
Integrated modem	9x35 core, LTE cat 6/7	9x35 core, LTE cat 6/7	9x35 core, LTE cat 4	9x35 core, LTE cat 4	9x35 core, LTE cat 4
Integrated WiFi	Qualcomm VIVE2 802.11ac	Qualcomm VIVE2 802.11ac	Qualcomm VIVE1 802.11ac	Qualcomm VIVE1 802.11ac	Qualcomm VIVE 802.11ac
eMMC Interface	5	5	4.5	4.5	4.5
Camera ISP	Up to 55MP Dual ISP	Up to 55MP Dual ISP	Up to 21MP	Up to 21MP	Up to 13.5MP
Shipping	1H 2015	1H 2015	4Q14	4Q14	3Q14

자료: 미래에셋증권

은 퀄컴에서 구매하고, AP는 타사의 성능 좋은 제품을 구입하고 싶어
도 그렇게 할 수 없을 것이다. 퀄컴이 LTE 모뎀칩을 AP 통합칩으로만
만들어서 팔기 때문이다. 이러한 전략을 바탕으로 퀄컴은 AP시장 점
유율 1위를 계속 유지하고 있다.

b. 애플, 오직 자사 제품을 위한 AP 개발

애플은 자신들이 만드는 AP를 다른 회사에 팔지 않는다. 오직 자사
제품인 아이폰, 아이패드에만 탑재시킨다. 즉 아이폰과 아이패드 판
매량이 애플의 AP 판매량과 동일하다. 아이폰6 출시 이후 잠시 주춤
했던 아이폰의 인기가 다시 상승했고, 이에 애플의 AP시장 점유율도
함께 급상승하고 있다.

애플은 1980년대부터 자신들의 맥킨토시 컴퓨터에 탑재되는 CPU
를 자체적으로 설계했다. 반도체 설계의 역사가 깊고 노하우도 많아
이를 AP 설계에도 이용했다. AP 자체만 보더라도 애플의 AP 성능은
업계 최고다. 특히 저전력 설계기술이 뛰어나다. 현재 팔리고 있는 주
요 AP 중 가장 전력을 적게 소모한다.

c. 미디어텍, 매력적인 가격으로 중국시장 강자되다

미디어텍은 대만 기업이다. 같은 언어를 사용하는 중국시장에 강
점이 있다. 게다가 경쟁사 대비 거의 절반 가격으로 AP를 공급한다.
중국 스마트폰 업체가 제조하는 중저가 스마트폰 중 50%가 미디어
텍의 AP를 사용한다. 미디어텍은 AP와 여러 부품들을 모아 플랫폼

에 붙여서 팔기도 한다. 중국의 자체 개발능력이 부족한 수많은 소규모 스마트폰 제조사들이 미디어텍 플랫폼을 구입해 스마트폰을 제조한다. 미디어텍은 원래 오디오 칩셋 등을 만드는 업체였는데, AP사업을 시작하면서 회사가 급성장했다. 최근에는 성장세가 소폭 둔화되고 있는데, 이는 저가시장에서 중국 토종 기업들에 점유율을 뺏기고 있기 때문이다. 고가시장에 주력하는 퀄컴 등도 중국시장을 잡기 위해 저가 AP를 출시하고 있어 향후 미디어텍의 시장점유율이 줄어들 수도 있다.

애플 AP 퍼포먼스

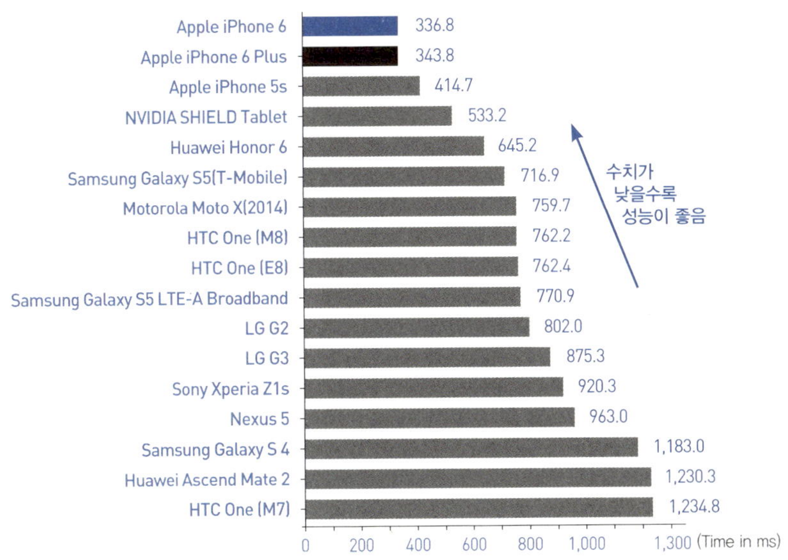

미디어텍의 스마트폰 플랫폼

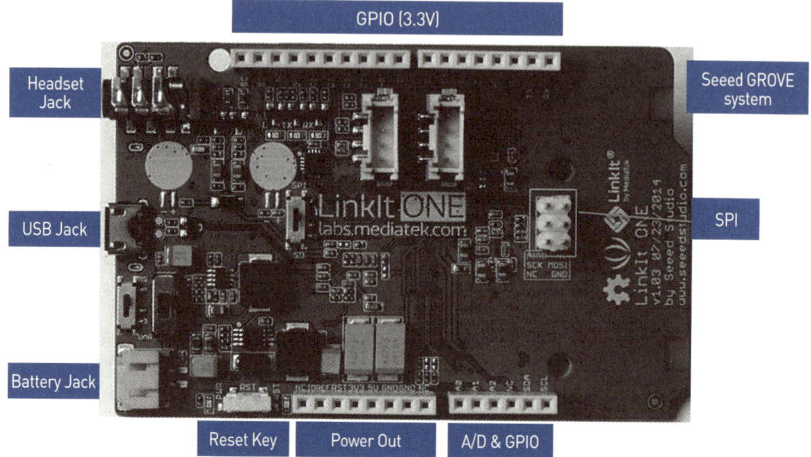

자료: MediaTek

d. 스프레드트럼, 중저가시장에서 활약

스프레드트럼은 중국 업체다. 미디어텍과 마찬가지로 중저가시장에 주력하는 대만 업체인 미디어텍보다 중국 스마트폰 업체들과 더 가깝다는 지리적 이점이 있다. 미디어텍의 점유율을 많이 가져오고 있다. 2015년에는 미국 인텔과 제휴를 맺고 시장 확대에 나서고 있다.

e. 삼성전자, 독보적인 14nm 사이즈와 업그레이드 된 성능으로 어필

삼성전자 AP는 대부분 자사 스마트폰에 탑재된다. 삼성전자 스마트폰의 시장점유율은 세계 1위다. 하지만 삼성전자는 삼성전자가 생산

삼성전자 14nm AP

20nm AP와 비교해 퍼포먼스 20% 향상, 전력 소비 35% 감소시켰다.

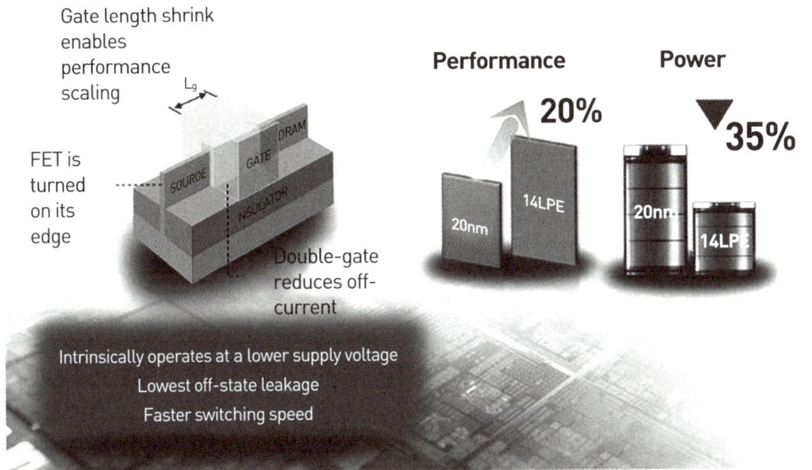

자료: 삼성전자

하는 스마트폰의 30~40%에만 자사 AP를 탑재한다. 100% 탑재하지 않는 이유는 고객을 고려하기 때문이다. 고객은 미국의 베리존Verizon, 국내의 SK텔레콤 같은 통신사와 일반 소비자들이다. 만약 고객이 퀄컴 AP를 선호하는데, 자사 제품이라고 삼성전자 AP를 무조건 탑재시킬 수 없다는 방침이다. 이것이 자사 스마트폰 물량을 놓고 퀄컴 등 경쟁사와 치열하게 경쟁하고 있는 이유다.

삼성전자 AP의 강점은 무엇보다도 성능이다. 통신모뎀과 원 칩 솔루션에 강점에 있는 퀄컴을 이기기 위해 높은 성능을 어필하고 있다. 2015년부터 특히 성능상 우위가 부각되고 있다. 삼성전자 AP는 인텔을 제외한 유일한 14nm 공정으로 생산되는 AP이다. 애플과 퀄컴의 AP는 20nm로 생산되고 있다. 애플, 퀄컴, 미디어텍 등의 AP는 대만의 TSMC라는 업체에서 위탁생산 중이다. TSMC의 최신 공정은 20nm다. 16nm공정은 2015년 3분기부터 양산을 시작할 예정이다.

삼성전자 14nm AP는 그 강점을 인정받아 갤럭시S6 모델 전량에 탑재되었고, 시장점유율도 상승하고 있다.

멘토의 Tip ⑳　　AP의 종류와 업계 지형도 알아보기

AP의 종류와 업계 지형도를 알아봅시다.

스마트폰이 인터넷 접속, 카메라, 여러 멀티미디어 실행 등의 복잡한 기능을 수행하게 되면서 AP의 비중도 함께 커졌습니다. AP는 기본적으로 핵심 기능을 수행하는 CPU(Central Processing Unit), 그래픽을 처리하는 GPU(Graphic Processor Unit), 영상신호를 처리하는 ISP(Image Signal Processor), 음성신호를 처리하는 ASP(Audio Signal Processor), 메모리반도체, 인터페이스 등의 부품들로 구성되어 있습니다.

AP 업계는 현재 5개 업체(퀄컴, 애플, 미디어텍, 스프레드트럼, 삼성전자) 중심으로 경쟁하고 있습니다. 퀄컴은 통신기술에서의 우위 요소를 칩에 결합한 AP를 만들고 있습니다. 애플은 AP를 자사 제품(아이폰, 아이패드)에만 탑재시키고 있습니다. 애플의 AP 성능은 업계 최고로 평가받고 있습니다. 미디어텍은 대만 기업으로 같은 언어를 사용하는 중국시장에서 강점을 갖고 있습니다. 하지만 최근에는 중국의 저가시장에서 토종 업체들에 고전하고 있는 상황입니다. 스프레드트럼은 중국 업체로서 미디어텍의 점유율을 잠식하면서 덩치를 키우고 있습니다. 삼성전자의 AP는 퀄컴 AP를 원하는 베리존, SK텔레콤 같은 통신사 고객의 니즈를 반영하여 삼성전자 전체 스마트폰의 30~40% 정도에 탑재되고 있습니다.

관련 자료 찾아보기 ⑮
검색 키워드, '삼성전자의 AP 경쟁 업체'

삼성전자를 제외한 AP 관련 4개 업체(퀄컴, 애플, 미디어텍, 스프레드트럼)들을 키워드로 해당 회사에 대한 기본적인 정보를 챙겨보기 바랍니다. 애플은 워낙 유명하니까 잘 아시겠지만 나머지 기업들은 일반인에게 익숙하지는 않을 것입니다. 하지만 요즘과 같은 모바일시대에 반도체산업의 주요 기업 이름 정도는 알아두어야 하겠습니다.

09

반도체 위탁생산 비즈니스,
파운드리

파운드리산업은 외부 업체가 설계한 반도체 제품을 위탁받아서 생산해주는 산업이다. 반대의 경우는 반도체 설계만 하는 팹리스Fabless산업이다. 파운드리산업은 2014년 기준 시장 규모 38조 원으로 매우 큰 규모라 할 수 있다. 애플, 퀄컴, 미디어텍 같은 AP 업체는 모두 팹리스 업체다. 이들의 제품을 대신 생산해주는 회사는 대만의 TSMC(Taiwan Semiconductor Manufacturing Company)다.

파운드리시장 점유율 1위, TSMC

TSMC는 전 세계 파운드리시장 점유율 1위 업체다. 시장점유율은 50%를 상회해 사실상 업계를 독점하고 있는 셈이다. TSMC의 시가총액은 35조 대만달러고, 2014년 매출액 7,628억 대만달러, 영업이익 2,958억 대만달러, 영업이익률 39%를 기록했다. 세계에서 가장 수익성이 좋은 반도체 회사 중 하나다.

Fig 66

파운드리 시장 규모

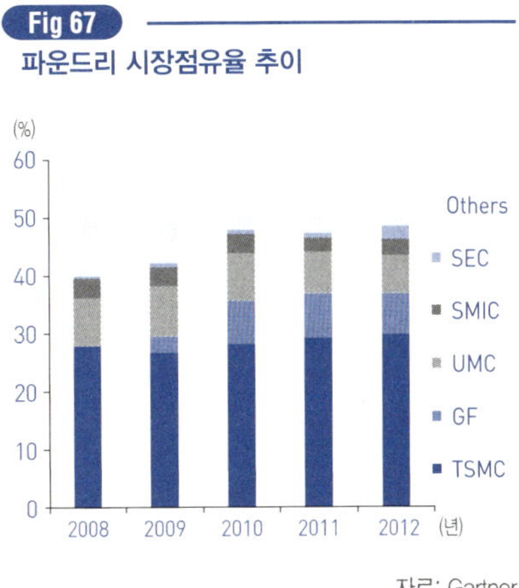

Fig 67

파운드리 시장점유율 추이

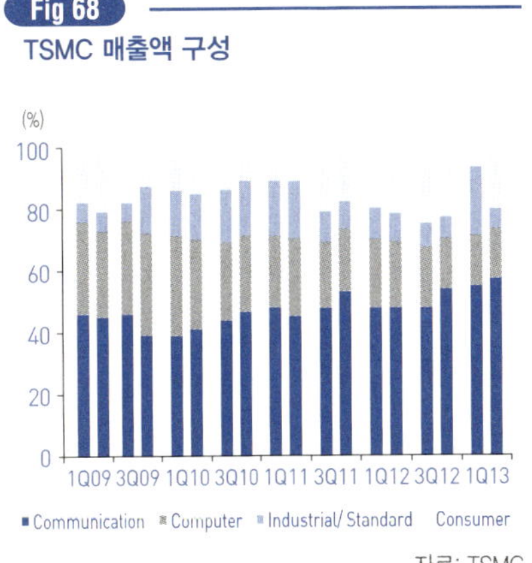

Fig 68

TSMC 매출액 구성

Fig 69

TSMC 매출액, 영업이익, 영업이익률 추이

TSMC IP 얼라이언스

자료: TSMC

TSMC와 경쟁사와의 IP 포트폴리오 비교

● **3500+ IP from over 40 IP vendors**

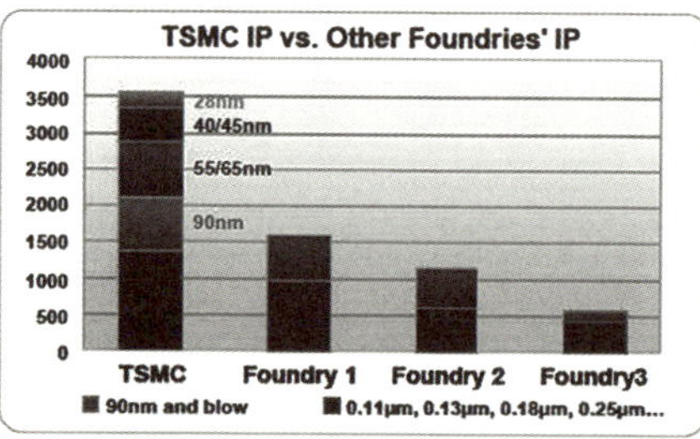

Analog IP	Embedded Memory	Foundation IP	Embedded CPU	Interface IP
			MIPI	SATA
	MTP/OTP	CPU Core	SD/MMC	PCIe/PCIx
ADC/DAC	Eletrical Fuse	SRAM	HDMI	DDR
Oscilator	Embedded DRAM	PLL	LVDS	USB
Voltage Regulator	Embedded Flash	Standard Cell / IO	XAUI	IIC/IIS

자료: TSMC

 **파운드리와 팹리스에 대한 용어 이해를 명확하게 합시다.**

'파운드리(Foundry)'와 '팹리스(Fabless)'라는 단어는 반도체산업에서 매우 일상적이고, 또 빈번하게 사용됩니다. 설계업체를 의미하는 팹리스는 반도체 생산라인을 뜻하는 'Fabrication'과 무엇이 없다는 뜻의 'less'가 결합된 합성어입니다. 따라서 설계만 하고 생산을 하지 않는 경우 팹리스라 하며, 팹리스 업체의 생산 의뢰를 받는 업체를 파운드리라고 하는 것입니다. 또한 설계부터 완제품까지 모든 분야를 자체 운영하는 회사를 '종합 반도체 업체(IDM, Integrated Device Manufacturer)'라고 합니다. 다만, 반도체 분야에 따라 삼성전자가 파운드리나 팹리스 혹은 IDM이 되기도 하는데, 대만의 TSMC는 처음부터 파운드리 전문 업체로 출발했다는 점이 다릅니다. 이 밖에 본문에서 언급되었던 애플, 퀄컴, 미디어텍 등 AP 판매 업체는 모두 팹리스 업체라는 점도 참고하기 바랍니다. 다만, 이 회사들은 AP와 관련해서 팹리스 업체로 불리는 것이지 기업 자체를 팹리스 업체라고 부르지는 않습니다.

관련 자료 찾아보기 ⑯
검색 키워드, '파운드리, 팹리스' 

'파운드리, 팹리스'를 키워드로 관련 내용들을 체크해보기 바랍니다. 본문 내용처럼 삼성전자가 14nm공정의 핀펫기술을 적용한 시스템 반도체를 양산해냄에 따라 파운드리 분야의 절대 강자인 TSMC의 아성을 크게 위협하는 계기가 만들어졌다는 전문가의 분석입니다. 최근 언론에 소개된 관련 기사를 검색해 보더라도 삼성전자와 글로벌 파운드리 업체들이 뭉쳐서 TSMC의 독점을 깨려는 모습이 감지되고 있습니다. 이런 시의성 있는 자료들을 살펴봄으로써 삼성전자가 영위하고 있는 반도체산업에 대한 이해도를 크게 높일 수 있습니다.

삼성전자, 파운드리 업계의 강자 TSMC를 위협

TSMC는 파운드리라는 비즈니스를 최초로 만든 회사다. TSMC의 아성은 회사 설립 이후 지금까지 깨지지 않고 있다. 최신 공정도 가장 먼저 양산에 도입했다. 시장장악력, 수익성, 기술력 측면에서 세계 1위 위치를 공고히했다.

이러한 업계의 강자 TSMC의 아성에 최근 변화가 발생하고 있다. 강력한 도전자들이 등장했기 때문이다. 이들은 삼성전자와 인텔이다.

먼저 인텔의 핵심 비즈니스는 PC다. 인텔의 반도체 공장은 거의 100% PC와 서버용 CPU를 제조한다. 하지만 PC 수요가 부진해지며 공장가동률이 떨어지자 인텔은 이를 위탁생산으로 메꾸기 위해 파운드리 사업 강화에 매진하고 있다.

삼성전자는 메모리반도체에서는 더 올라설 곳이 없을 정도로 영향력이 높아 새로운 먹거리를 발굴 중이다. 이 새로운 먹거리가 AP와 파운드리 등 시스템반도체(비메모리반도체)다. 그중에서도 수익변동성이 높은 AP보다 안정적인 파운드리에 공을 들이고 있다.

TSMC를 앞서기 시작한 삼성전자의 최신 공정기술

과거 TSMC는 최신 공정능력에 있어서 경쟁자들을 항상 앞서갔으나 2015년 상황은 달라졌다. 현재 시스템반도체 최신 공정은 14nm 핀펫 FinFET이다. 삼성전자는 이 공정기술로 2015년 초부터 양산을 시작하며 TSMC를 앞서기 시작했다. TSMC는 2015년 7월까지 양산에 진입하지 못했으며 3분기 말에나 양산을 시작할 것으로 예상된다.

핀펫공정은 시스템반도체 최초의 3D공정이기 때문에 공정 개발에 많은 어려움이 있었다. 삼성전자는 TSMC와 같은 경쟁자보다 더 먼 미래를 보며 투자했기 때문에, TSCM보다 먼저 핀펫을 양산할 수 있었다. TSMC의 생산능력은 삼성전자 파운드리의 10배가 넘는다. 또 TSMC는 팹리스 업체들과 큰 규모로 일종의 생태계를 형성하고 있다. 때문에 당분간 삼성전자가 TSMC를 완전히 압도하기는 힘들 것으로 보인다. 하지만 최신 공정에 있어서는 삼성전자의 주도권이 유지될 수 있을 것으로 예상된다. 삼성전자는 2016년 10nm 핀펫공정 양산을 계획하고 있다.

더 알아보기 2 - 핀펫공정

14nm공정은 핀펫이라는 기법이 도입되면서 주목을 많이 받았다. 핀펫은 시스템반도체 공정에서 최초로 3D기법을 도입한 공정이다. 전자가 흘러가는 채널이 과거에는 평면구조였다. 핀펫공정에서는 물고기의

지느러미처럼 핀^{Fin}을 세워서 만든다. 채널이 스위치 역할을 하는 게이트와 닿는 면적이 줄어들면 누설 전류가 증가한다. 반도체 미세공정이 발전하면서 닿는 면적은 점점 줄어들었는데, 핀펫공정에서는 이를 3D 구조로 해결했다. 소스, 드레인을 3D로 만들고 게이트와 닿는 면적을 늘려 누설 전류를 감소시키고 성능은 증가시켰다.

▼ 전통적인 트랜지스터와 핀펫 트랜지스터

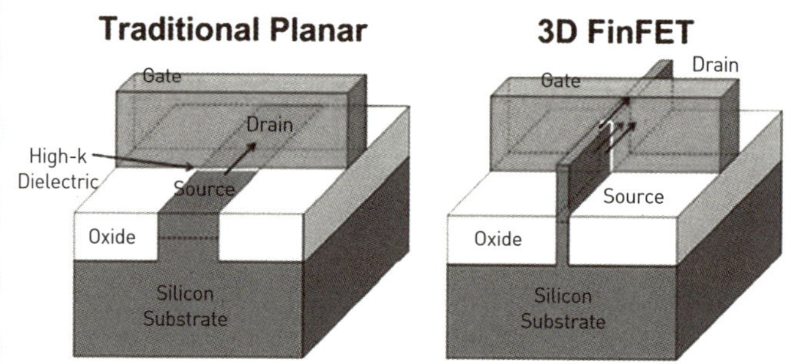

자료: Synopsys

SAMSUNG

IT모바일(IM): 스마트폰이 이끄는 삼성전자의 매출

세계 스마트폰 시장은 삼성전자와 애플 두 회사가 거의 차지하고 있습니다. 삼성전자 스마트폰은 삼성전자의 매출에서 가장 큰 비중을 차지하고 있으나 영업이익은 반도체에 비해 낮습니다. 하지만 패스트팔로워로 시장점유율 1위였던 애플사를 맹추격, 심지어 앞서기까지 했습니다. 삼성전자의 저력을 보여주는 의미 있는 분야라고 할 수 있습니다. 앞으로 퍼스트무버로서 어떤 전략이 필요할지 생각해봅시다.

손 안의 세상,
스마트폰

삼성전자 IT모바일부문은 스마트폰, 태블릿 PC, PC 등 정보통신기기를 생산·판매한다. 2014년 매출액 111조 8,000억 원, 영업이익 14조 6,000억 원을 기록했다. 삼성전자 내 매출액 비중이 54%로 부문 중 최대다. 삼성전자에서 생산하는 반도체 등 부품을 가장 많이 구매하는 '고객'이기도 하다. 뿐만 아니라 삼성전기, 삼성SDI 등 삼성그룹 내 계열사들의 최대 '고객'이기도 하다.

매출의 큰 부분을 차지하고 그룹 내 거래의 거대 고객이기도 하다 보니, IM부문의 실적이 좋아야 삼성전자 내 다른 부문, 더 나아가서는 삼성그룹 전체의 실적이 좋아지는 구조다. 그만큼 IM부문은 삼성전자에서 중요한 사업부다.

스마트폰은 IM부문 최대 매출 상품이다. 2014년 삼성전자 스마트폰 매출액은 88조 2,000억 원에 달한 것으로 추정한다. IM부문 내 매출

자료: thomasdishaw.com

비중 79%다. 나머지는 피처폰, 태블릿PC, PC, 네트워크 장비 등이 차지했다.

스마트폰은 PC 운영체제를 탑재하고 무선통신이 가능한 휴대전화다. 이메일, 인터넷검색이 가능하고 추가적인 소프트웨어 설치가 가능하다. 소프트웨어 설치가 가능해 게임 등 여러 가지 기능을 추가할 수 있는 것이 가장 큰 장점이다.

안드로이드OS를 탑재한 갤럭시S로 도약하다

스마트폰시장은 애플이 2007년 아이폰을 발표하면서 본격적으로 커지기 시작했다. 삼성전자는 이전까지 노키아에 이어 피처폰시장의

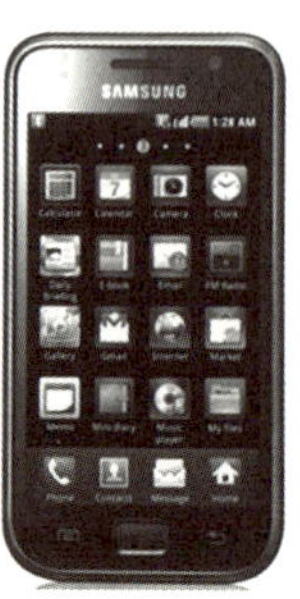

자료: 삼성전자

글로벌 2위 업체였다. 삼성전자는 스마트폰 개발에 한 발 늦어 시장 대응이 제대로 되지 않았다. 아이폰이 인기를 끌면서 삼성전자는 큰 위기를 맞았다. 하지만 2010년 구글의 개방형 OS인 안드로이드를 탑재한 스마트폰 갤럭시S를 발표하면서 위기는 기회로 바뀌었다. 갤럭시S가 시장의 호평을 받으며 삼성전자는 재도약하기 시작했다. 갤럭시S 시리즈는 업그레이드 모델이 1년에 한 차례 발표되며 삼성전자 스마트폰의 시장점유율도 수직 상승하여 2014년 2분기 기준 25.2%로 세계 1위다.

멘토의 Tip 22   **삼성전자 스마트폰 성공스토리 챙겨보기**

삼성전자의 스마트폰 성공스토리를 챙겨봅시다.

2014년 매출 88조 원에 세계시장 25.2%의 시장점유율을 기록

한 삼성의 스마트폰입니다. 하지만 2009년 국내에 애플의 스마트폰이 KT를 통해 처음 소개될 때만 하더라도 삼성전자는 지금과 같은 현실을 예견하지 못했다고 해도 과언이 아닙니다. 전문가들은 2010년 봄 이건희 회장이 경영에 복귀하면서 내린 결단, 즉 '앞으로 삼성전자는 스마트폰사업에 전사적 역량을 집중하겠다'는 선언이 결정적인 계기가 되었다고 평가합니다.

당시 SK텔레콤 가입자가 삼성전자 핸드폰을 구입하면 SK텔레콤이 독점적으로 운영하는 플랫폼 '네이트'만 이용해야 했습니다. 아무래도 독점공급자 구조이기 때문에 부가서비스 비용이 비쌀 수밖에 없고, 이용할 수 있는 서비스도 제한적이었습니다. 반면 아이폰의 iOS는 개방형 플랫폼 구조여서 수많은 서비스 제공자(앱 사업자)가 무한경쟁을 하기 때문에 다양하고 퀄리티 높은 서비스들(애플리케이션)을 접할 수 있었습니다. 이용자 입장에서는 비용과 선택의 다양성 측면에서 기존 핸드폰과는 차원이 달랐습니다.

애플은 스마트폰을 지식과 정보가 거래되는 '플랫폼 비즈니스'로 인식했기 때문에 새로운 게임의 룰을 만들어냈던 것입니다. 그래서 스마트폰 대전 1라운드는 애플의 완승이었습니다. 하지만 삼성전자는 스마트폰 비즈니스를 시작한 지 불과 1년 만에 전세를 뒤집어버립니다. 바로 소비자들의 니즈와 구글의 오픈소스를 절묘하게 결합시키는 눈이 있었기 때문입니다. 일부에서 세상에 없던 새로운 것을 만들어내는 기업이 아니라는 지적도 있지만, 일단 시작하면 세계 1위를 달성하는 삼성전자만의 기업문화도 기존에 없던 것을 새롭게 만들어내는 일이라고 하겠습니다.

삼성전자 취업을 준비하면서 이런 성공스토리들을 잘 챙겨보시고, 자신도 그런 스토리에 기여할 부분은 없는지 고민해보기 바랍니다.

'삼성전자 성공스토리'를 키워드로 다양한 내용들을 정리해보기 바랍니다. 스마트폰과 반도체 영역에서 그동안 삼성이 이뤄낸 성공담을 하나씩 정리하면서 시사점을 도출해보기 바랍니다. 언론에서 평가하는 요소들도 있겠지만 되도록이면 자신만의 시각도 과감하게 결합시켜보기 바랍니다. 그냥 머릿속 생각으로만 접근하지 말고 관련 자료들을 탐색하고 각 내용들을 유기적으로 정리해보면서 접근하기 바랍니다. 그래야만 상대방이 공감할 수 있고 설득력 높은 시각을 만들 수 있습니다.

한 발 늦게 시작, 그러나 선두에 설 수 있었던 이유

삼성전자 스마트폰이 두각을 나타내는 이유는 다음과 같다.

첫째, OS 선택 전략이 유연했다. 삼성전자가 갤럭시S를 개발할 당시는 시장을 장악하고 있는 OS가 없었다. 현재 대세인 안드로이드OS도 당시에는 채택한 스마트폰 업체가 거의 없었다. 핸드셋 업체들은 각종 OS들을 저울질하고 있었고, 자체 개발을 하는 업체도 상당수였다. 삼성전자는 과감히 안드로이드OS를 선택했고, 이로 인해 구글의 집중 지원을 받게 되었다. 안드로이드OS는 설계가 잘 되어 있기 때문에, 이를 탑재한 스마트폰의 기본 성능도 뛰어났다. 소비자들이 안드로이드OS를 선호하면서 삼성전자 스마트폰의 인기도 같이 올라가게 되었다.

둘째, 대화면 스마트폰 전략이 유효했다. 아이폰을 비롯해 경쟁사들의 스마트폰 화면이 3.5인치 수준일 때 삼성전자는 과감히 4인치 이상 스마트폰을 출시했다. 초창기에는 화면이 너무 커서 휴대가 불편하다는 평도 있었으나, 스마트폰의 성능이 좋아지면서 많은 정보를 표시할 수 있는 대화면 스마트폰은 대세로 자리 잡게 되었다.

셋째, 부품부터 조립까지 생산의 수직계열화가 잘 되었다. 삼성전자 스마트폰에 탑재되는 DP, AP, DRAM, NAND, 배터리 등 핵심 부품들은 삼성전자를 비롯한 계열사에서 생산한다. 또 이들 부품의 품질은 모두 세계 최고 수준이다. 스마트폰은 개발을 빨리 해 경쟁사보다 높은 스펙의 스마트폰을 조기 출시하는 것이 핵심 경쟁력이므로 주요 부품들을 모두 내부에서 개발하는 삼성전자가 경쟁사보다 훨씬 유리할 수밖에 없었다.

넷째, 강력한 경쟁자가 사라졌다. 피처폰 시절 핸드셋의 최고 강자는 노키아였다. 당시 노키아는 삼성전자처럼 스마트폰시대에 대한 대비를 제대로 하지 않았다. 하지만 아이폰이 스마트폰 붐을 일으킨 이후 삼성전자는 유연한 전략으로 적응해 나갔으나, 노키아는 시장의 대세가 된 안드로이드OS를 끝까지 선택하지 않고 자체 개발한 심비안OS를 계속 밀고 나갔다. 소비자들은 안드로이드OS와 애플의 iOS를 선택했고 노키아는 시장에서 잊혀졌다. 이는 삼성전자에 호재로 작용했고, 시장은 이제 안드로이드OS와 iOS 양자 구도가 되었다. 다수의 소비자들은 안드로이드 진영 내에서 가장 영향력이 높은 업체인 삼성전자 스마트폰을 선택했다. 노키아가 건재하며 안드로이드 진영 내에 있었다면, 삼성전자의 영향력이 지금처럼 크지 못했을 수도 있다.

중저가부터 고가까지 경쟁자들의 두각으로 성장세 완화

승승장구하던 삼성전자 스마트폰 비즈니스는 2014년 하반기 이후 성장세가 둔화되고 있다. 중저가부터 고가까지 모든 제품군에서 경쟁자들이 두각을 나타내기 시작했기 때문이다. 우선 고가제품군에서는 애플 아이폰이 큰 폭으로 판매 증가세를 보이고 있다. 더불어 과거에는 경쟁 상대로 여겨지지 않던 중국의 저가형 스마트폰 업체도 크게 성장하고 있다. 삼성전자가 2014년 3월 출시한 갤럭시S5는 S3나 S4에

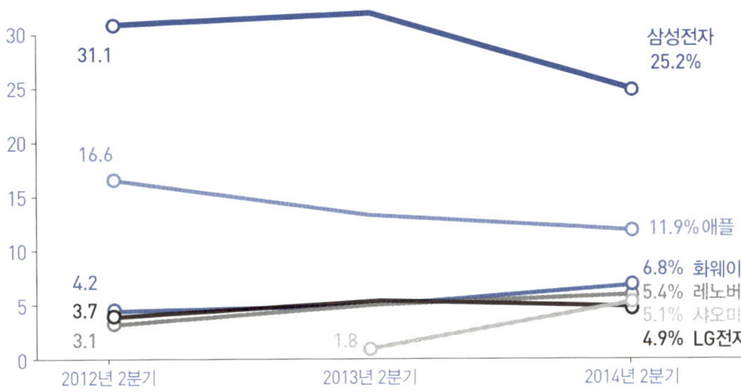

비하면 판매량이 부진했다. S4 대비 스펙이나 외관 면에서 크게 변한 점이 없었기 때문이다. 반면 애플은 대화면 스마트폰을 출시하지 않겠다는 원칙을 깨고 아이폰6를 대화면으로 출시해 판매량이 크게 증가했다. 2014년 4분기 아이폰 판매량은 7,500만 대로 전년 동기 대비 90% 증가했다. 중국시장에서는 샤오미 등 경쟁사가 삼성전자와 유사한 품질을 제공하면서 가격은 훨씬 낮게 책정했다. 2014년 샤오미 스마트폰 판매량은 6,100만 대, 전년대비 226% 성장했다.

삼성전자 스마트폰의 판매 부진은 2015년에도 이어지고 있다. 야심차게 출시한 갤럭시S6 판매량이 기대에 미치지 못하기 때문이다. 갤럭시S6 엣지는 플렉서블 디스플레이, 메탈 케이스 채용으로 초기 시장의 호평을 받았다. 하지만 까다로운 공정과 고도의 기술이 필요한 곡면 글래스 수율 이슈로 초기 공급이 원활하지 못했다. 초기 시장 대응 실패와 아이폰6의 여전한 인기 등으로 판매량이 시장의 기대를 넘어서지 못하고 있는 실정이다.

멘토의 Tip ㉓   삼성전자의 포스트 스마트폰 모델 고민해보기

삼성전자의 포스트 스마트폰 모델에 대해 고민해봅시다.

삼성전자의 스마트폰 고민은 결국 고가폰에서 애플을 확실하게 제압하지 못하고 있고, 저가폰에서는 중국 업체들의 거센 도전을 받고 있다는 점입니다. 이런 상황을 어떻게 헤쳐나가야 할 것인지가 삼성전자의 최대 화두가 되고 있습니다. 시장에서는 삼성전자의 스마트폰 전략 키워드로 '부품'을 거론하기도 합니다. 스마트폰 자체를 많이 판매하는 것도 중요하지만 AP 같은 핵심 부품의 매출을 확대하는 것도 스마트폰 못지않게 수익성을 기대할 수 있기 때문일 것입니다. 삼성전자가 중국 시안에 공장을 세운 것도 중국의 성장하는 스마트폰시장에 대응하기 위한 전략임을 알 수 있습니다. 스마트폰 세계 1위 기업 삼성전자지만 자칫 샌드위치 신세가 될 수 있는 최근의 상황을 어떻게 타개해나가고 있는지 그 흐름을 잘 체크하고 있어야 하겠습니다.

관련 자료 찾아보기 ⑱
검색 키워드, '삼성전자 스마트폰 전략'

'삼성전자 스마트폰 전략'을 키워드로 관련 자료들을 잘 정리해보기 바랍니다. 이 부분은 삼성전자의 핵심 사업 영역이므로 되도록 다양하게 살펴볼 필요가 있습니다. 삼성전자의 스마트폰 전략에 대해 본격적으로 문제를 제기한 대표적인 사례는 미국 경제지 〈월스트리트저널〉의 2015년 5월 12일자 기사입니다. 인터넷에서 한글 번역판도 검색되므로 구체적으로 무엇을 지적하고 있는지 꼭 살펴보기 바랍니다. 글의 맥락은 삼성전자의 자기 성찰과 새로운 비즈니스 모델의 필요성으로 집약됩니다.

한편, 2015년 7월 들어서면서 국내외 많은 언론이 애플의 스마트폰 한계론을 지적하고 있습니다. 스마트폰 하나만으로는 미래를 장담하기 쉽지 않다는 경계의 시각입니다. 스마트폰 문제를 삼성전자만의 고유 리스크로 볼 필요는 없다는 의미로 해석될 수 있습니다. 다만 스마트폰 외에도 반도체라는 강력한 사업 포트폴리오를 갖고 있는 삼성전자이므로 반도체와 스마트폰 비즈니스 간 시너지를 어떻게 창출해나갈 것인지가 관건이라 하겠습니다.

플랫폼 사업 환경의 영향을 받는 스마트폰 매출

a. 애플, 스위프트 개발로 소프트웨어 경쟁력 장악할 수도

아이폰의 인기는 당분간 지속될 것으로 예상된다. 소프트웨어 경쟁력이 높아질 것이기 때문이다. 이에 따라 앱 개발사들의 iOS 선호 현상이 나타나 안드로이드 앱 개수의 증가세는 둔화될 것으로 보인다.

그동안 iOS용 앱은 품질은 높았지만, 상대적으로 개발이 어려웠다. 이는 현재까지 안드로이드 앱보다 iOS 앱 숫자가 적은 주요 요인이기도 했었다. 애플은 이를 해결하기 위해 2014년 6월 스위프트Swift라는 새로운 프로그래밍 언어를 공개했다. 스위프트는 기존 iOS 앱 개발 언어인 오브젝티브-CObjective-C의 복잡한 문법을 개선해 프로그래머들이 다루기에 수월해졌다. 스위프트는 또 젊은 개발자들이 익숙한 자바와

Fig 76

애플 스위프트

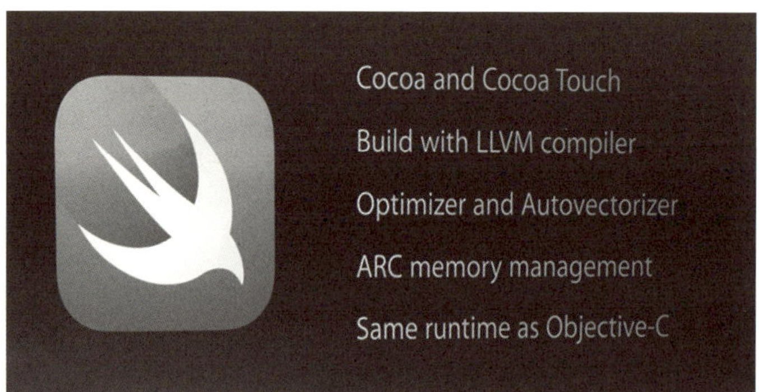

자료: 애플

```
// this is a single line comment using two slashes

/* this is also a comment,
   but written over multiple lines */

// Swift variables are declared with "var" followed by a name, a type, and a value
var explicitDouble: Double = 70

/// if the type is omitted, Swift will infer it from the variable's initial value
var implicitInteger = 70
var implicitDouble = 70.0

// the "let" keyword defines a constant, which may also be implicitly typed
let numberOfApples = 3
let numberOfOranges = 5
let appleSummary = "I have \(numberOfApples) apples."
let fruitSummary = "I have \(numberOfApples + numberOfOranges) pieces of fruit."

// code can be placed anywhere, making it global within the namespace
println("Hello, world")

// define a dictionary with four items, each with a person's name and age
let people = ["Anna": 67, "Beto": 8, "Jack": 33, "Sam": 25]

// now we use Swift's flexible enumerator system to extract both values in a single loop
for (name, age) in people {
    println("\(name) is \(age) years old.")
}

// methods and functions are declared with the "func" syntax
// note the use of parameter naming, and the return type specified with ->
func sayHello(personName: String) -> String {
    let greeting = "Hello, " + personName + "!"
    return greeting
}

// prints "Hello, Jane!"
println(sayHello("Jane"))
```

자료: 위키디피아

파이썬 등 스크립트 언어의 특성을 대거 채용했으므로, 안드로이드 진영 개발자들이 다수 iOS 진영으로 이동할 것으로 보인다. 스위프트를 통해 iOS 앱 개발의 장벽이 낮아졌으므로, 향후 iOS 앱 숫자가 크게 증가할 것으로 예상된다. 이는 소비자들의 아이폰 선호 현상으로 이어질 것이다.

b. 애플, 게임전용 API 메탈 개발로 안드로이드OS 위협

소비자들의 스마트폰 선택의 주요 변수 중 하나는 재미있고 수준 높은 게임의 숫자다. 현재까지는 안드로이드 진영의 게임 앱 숫자가 많

애플의 3D게임 전용 API, 메탈

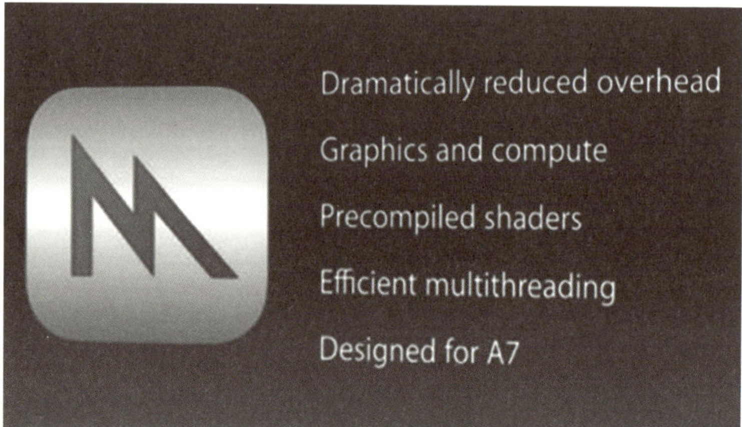

자료: 애플

메탈API를 사용하는 언리얼엔진4의 데모

자료: 애플

았다. 게임 개발사들이 시장점유율이 높은 안드로이드OS용으로 게임을 우선 출시했기 때문이다. 향후에는 iOS용 게임 수가 크게 증가할 것으로 예상된다.

애플은 2014년 6월 메탈이라는 3D 그래픽API(Application Programming Interface)를 공개했다. 메탈은 게임 전용 API다. 과거에는 iOS나 안드로이드 모두 오픈지엘OpenGL이라는 범용 그래픽API를 사용했다. 게임전용이 아니라 범용이다 보니 게임의 성능 면에서 손실이 컸다. 메탈 API를 사용하면 게임이 하드웨어에 더 근접하게 그래픽을 제어할 수 있어 당연히 게임의 성능이 크게 올라간다. 이에 게임 개발사들의 iOS 게임제작 선호 현상이 나타나고 있다. iOS 게임의 숫자가 늘어나면 당연히 소비자의 아이폰 선호 현상으로 이어질 것이다.

c. 안드로이드 진영의 결속력 약화: 구글과 오라클의 특허권 분쟁

안드로이드 진영은 참여 업체들 간 결속력이 약화될 것이다. 앱 개발사들이 안드로이드 앱 개발을 기피할 것이다. 우선 구글과 오라클 간의 소송이 문제다. 안드로이드는 달빅Dalvik이라는 자바 가상머신을 통해 자바로 작성된 앱들을 구동시키고 있다. 자바의 라이선스는 썬Sun을 인수한 오라클에 있다. 썬과 구글은 안드로이드 개발 초기 자바 라이선스에 대해 협상했지만 결렬되었다. 안드로이드는 썬의 승인 없이 달빅을 통해 자바를 사용하기 시작했다. 구글은 이러한 잠재 특허 위협요소에도 불구하고 기기 간 호환성이 높고, 개발자들이 선호하는 자바를 사용하기 위해 달빅을 사용했다.

안드로이드 아키텍처

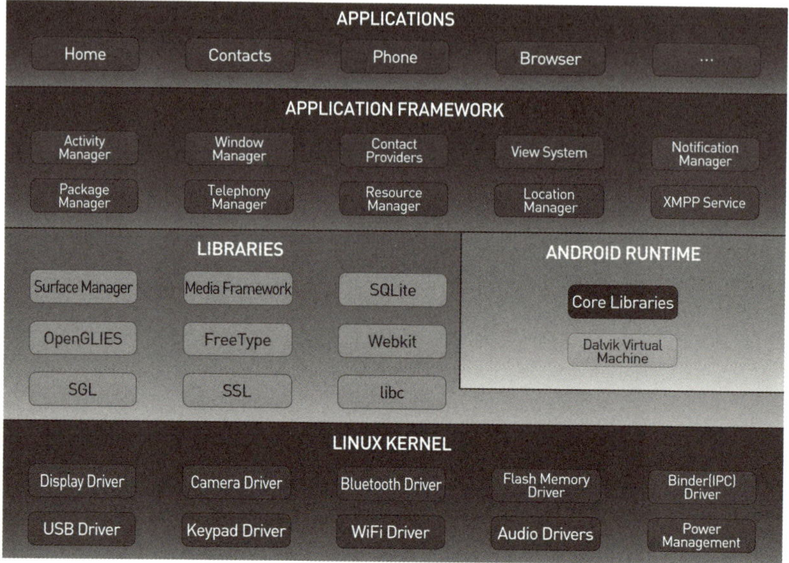

자료: 구글

안드로이드 어플리케이션 분류

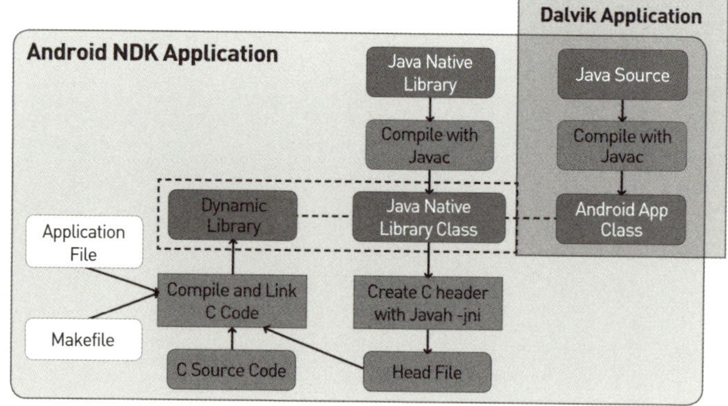

자료: Intel

날짜	내용
2005. 08	Google, Android사 인수
2005. 10	수개월 간, Java 라이선스를 두고 Google과 Sun 협상에 돌입, 합의에 이르지 못하고 종료
2006. 02	Sun, 2,000만 달러와 Android 연계 매출의 10%를 조건으로 Java 라이선스 제안. Google은 제안 거절
2007. 11	Google, Java에 버금가는 Dalvik에 기반한 Android 개발 공표
2008. 10	HTC, 첫 번째 Android 스마트폰 HTC Dream 출시
2010. 01	Oracle, Sun사 인수를 통해 Java 특허 취득
2010. 08	Oracle, Java 특허 7건을 무단 사용한 혐의로 Google 고소
2011. 02	Google, 미국 특허청에 Oracle 고소건 재검토 요청
2011. 06	Oracle, Google의 특허 침해로 14~61억 달러의 피해 호소
2011. 07	법원, Oracle의 피해 주장이 지나치다고 판단, 피해액 재추정 지시
2011. 09	Oracle CEO Larry Elison과 Google CEO Larry Page 회동, 합의에 이르지 못하고 종료
2012. 03	Oracle과 Google 양측 모두 의견의 진전을 가져왔으나, 합의에 이르지 못하고 종료
2012. 04	Google과 Oracle의 재판 시작
2012. 05	법원, Google이 Oracle의 특허 침해 사실이 없다고 판단. Google의 승소

자료: 구글, PC World

결국 오라클은 2010년 구글이 자사의 자바 관련 특허를 침해했다고 소송을 제기했다. 소송 결과는 오라클의 패소다. 법원은 프로그래밍 언어인 자바와 오라클의 특정 자사 API는 자유롭게 사용할 수 있다고 판결했다. 그러나 오라클은 항소했고 2014년 5월 항소 결과는 오라클의 승리다. 구글의 달빅 사용에 걸림돌이 발생하게 된 것이다.

d. 안드로이드OS 진영의 대표인 구글의 대처 그리고 문제점

① 달빅 대신 아트를 선택, 그러나 기기 간 호환성 낮아

구글은 이를 근본적으로 해결하기 위해 안드로이드 롤리팝 버전부터는 달빅 대신 아트ART를 기본 모드로 사용한다. 기존의 안드로이드는 앱을 바이트 코드Byte code로 컴파일한 후에 덱스Dex로 전환해 달빅 가상머신에서 실행했지만, 아트는 AOT(Ahead of time)를 통해 앱의 셋업 과정에서 바이트 코드를 기계어로 바꿔 네이티브 앱으로 구동한다. 아트모드로 앱을 실행했을 때 속도가 훨씬 빨라지고, 오라클과의 특허 문제도 피할 수 있다.

다만 기기 간 호환성이 저하된다는 치명적인 단점이 있다. 실제로 롤리팝은 메모리 누수 문제 등 여러 가지 문제에 시달렸다. 안드로이드가 롤리팝으로 업그레이드된 이후에도 많은 스마트폰 메이커들이 기존 출시 모델들의 OS를 업그레이드하지 않기도 했다.

② 오픈소스 안드로이드로 스마트폰 제조사 통제, 이탈 진영 발생

구글이 중국 저가형 스마트폰 업체를 견제하고 있는 것도 문제다. 안드로이드는 오픈소스 소프트웨어다. 어떤 업체라도 안드로이드 소스 코드를 가져다 마음대로 수정해서 스마트폰에 탑재시킬 수 있다. 다만 오픈되어 있는 부분은 OS의 뼈대 부분이다. 스마트폰을 사용할 때 필수적으로 사용되는 앱인 구글맵, 구글플레이, 크롬브라우저, 지메일 등 GMS(Google Mobile Service)를 사용하기 위해서는 구글과 라이선스를 맺어야 한다. 대부분의 스마트폰 업체들은 구글과 라이선스를 맺고 스마트폰을 제조한다. 구글은 이를 통해서 오픈소스인 안드로이드에 대한 통제력을 유지하고 있다.

하지만 안드로이드OS 뼈대만 이용하고 구글 서비스는 이용하지 않

Fig 83

확대 중인 안드로이드 GMS 어플리케이션

GMS 어플리케이션	세부 설명
Genie Widget	뉴스와 날씨 위젯
Gmail	Gmail 어플리케이션
Google Backup Transport	Google 계정으로 개인정보를 서버에 백업
Google Calendar Sync Adapter	Google 캘린더 연동 기능
Google Feedback	어플리케이션 구동 중 오류 발생시, 개발자를 위한 정보 모음 기능
Google Partner Setup	Google과 연동 가능한 파트너 서비스를 위한 도구
Google Quick Search Box	Google의 검색기능 강화
Google Services Framework	어플리케이션 설정 재사용 서비스
Latin IME Tutorial	입력 장치 없이 문자나 기호를 입력할 수 있는 기능 지침서
Maps	고도 표시 및 네비게이션 가능한 지도 어플리케이션
Market Updater	Android 어플리케이션 업데이트
Media Uploader	Youtube와 Picasa 업로드 서비스
Network Location	지역 검색 서비스
Setup Wizard	Google 계정 셋업
Street	지도 어플리케이션의 일부로서, 길거리 뷰 검색 서비스
Talk	Google Talk 어플리케이션
Vending	Android 마켓 어플리케이션
Voice Search	음성 인식 및 검색
YouTube	Youtube 어플리케이션

주: AOSP부상을 막기 위해 Google은 GMS어플리케이션을 확대 중
자료: 미래에셋증권

는 업체가 늘고 있다. 이를 AOSP(Android Open Source Project) 진영이라고 부르는데, 샤오미가 대표적이고, 중국 중저가 스마트폰 제조사 대다수가 AOSP 진영에 해당된다.

이는 구글에 큰 위협이 되고 있다. AOSP 비중이 증가하면 구글의 안드로이드 내 영향력이 약화될 것이기 때문이다.

③ 구글의 반격, 그러나 향후 안드로이드 선호도 저하 예상

구글은 AOSP 진영을 견제하기 위해 구글맵, 유튜브, 지메일 등에 국

한된 구글 서비스를 검색, 음악, 카메라 등으로 확대하고 있다. 해당 기능을 이용하는 앱은 AOSP에서는 구동되지 않고 구글 안드로이드에서만 구동된다. 당연히 AOSP의 앱 호환성이 낮아진다.

　그럼에도 불구하고 샤오미 등 AOSP 스마트폰의 시장점유율은 30%를 상회하는 수준이다. 중국 중저가 스마트폰의 인기가 높기 때문에 향후 지속적으로 증가할 것으로 보인다. 이를 막기 위한 구글의 폐쇄적인 정책은 확대될 것이다. 구글의 정책으로 인해 앱들의 기기별 호환성 저하는 앱 개발사들의 안드로이드 앱 개발 기피로 이어질 것으로 예상되는데, 이는 결국 소비자들의 안드로이드에 대한 선호도 저하로도 이어질 것으로 예상된다.

멘토의 Tip ㉔ ㅤㅤㅤㅤㅤㅤ**애플과 구글 OS 현황 정리하기**

애플과 구글 OS 영역에서 나타나고 있는 네 가지 움직임을 정리해봅시다.

　최근 애플과 구글 OS 영역에서 나타나고 있는 움직임들은 안드로이드를 탑재하는 삼성전자 입장에서 위협적인 시장 요인들입니다. 또한 스마트폰시장 동향과 관련해서 매우 중요하므로 되도록 숙지해두기 바랍니다. 본문 내용을 네 가지로 정리해 보겠습니다. ① 애플이 새로운 프로그래밍 언어인 스위프트를 개발하여 iOS용 앱 개발이 보다 쉬어졌다는 점입니다. ② 애플이 3D 그래픽 API인 메탈을 개발하여 iOS용 게임 수가 크게 늘어날 가능성이 커졌다는 점입니다. ③ 자바 가상머신인 달빅을 사용하는 구글이 오라클의 특허를 침해했다는 법원 판결이 나옴에 따라 달빅 사용이 어려워졌다는 사실입니다. 대안으로 구글이 아트를 개발했지만 기기 간 호환성이 낮아 여전히 취약한 상황에 있습니다. ④ 구글의 중국 저가형 스마트폰 업체에 대한 견제 노력이 결국에는 일반 소비자들의 안드로이드폰 선호도 저하로 이어질 가능성이 있다는 점입니다.

관련 자료 찾아보기 ⑲
검색 키워드, '구글 오라클 자바 소송'

'구글 오라클 자바 소송'을 키워드로 관련 내용을 살펴보기 바랍니다. 2015년 6월 말 미국 대법원이 구글의 상고허가 신청을 기각하면서 사실상 오라클 쪽으로 추가 기운 상태입니다. 이렇게 끝이 나면 안드로이드뿐만 아니라 소프트웨어산업 전반에 큰 파장이 예상됩니다. 이 소송을 둘러싸고 미국 IT업계에서는 찬반론이 뜨겁습니다. 혁신을 위해서는 법을 완화해서 적용해야 한다는 주장과 고도로 창의적인 활동은 당연히 보호되어야 한다는 주장이 맞선 상태입니다. 시장에서의 이런 큰 움직임은 삼성전자의 영업 전략에도 큰 영향을 주는 만큼 잘 살펴두기 바랍니다.

관련 자료 찾아보기 ⑳
검색 키워드, '미국 표준특허'와 '오바마 프랜드(FRAND)'

'미국 표준특허'와 '오바마 프랜드(FRAND)'를 키워드로 관련 자료들을 참고하기 바랍니다. 미국 오바마 정부는 현대의 지식정보사회를 발전시켜

나가기 위해서는 스타트업 기업들의 성공이 중요하다고 보고 'FRAND(Fair, Reasonable, And Non-Discriminatory, 공정하고, 합리적이고, 비차별적인)'라는 일종의 특허기술 예외 적용 조항을 마련합니다. 과도한 특허권 행사로 업계의 경쟁이나 발전을 저해하지 못하도록 한다는 것입니다. 이런 개념에 해당하는 특허를 '표준특허'로 규정하고 이런 표준특허를 가진 기업은 제3자가 그 특허를 사용하려고 할 때 '과도한 보상'이 아닌 '적절한 보상'만 받도록 법제화한 것입니다. 반면 표준특허에 포함되지 않는 특허는 기존처럼 '상용특허'로 인정하여 제3자가 함부로 사용할 수 없도록 하고 있습니다.

대표적인 사례가 하나 있습니다. 2011년 삼성전자와 애플이 서로의 제품에 대해 각각 수입금지 신청을 한 적이 있습니다. 미국 국제무역위원회ICT가 결국 두 회사 모두에게 특허 침해를 판정했지만 오바마 정부는 각 회사에 대해 상반된 조치를 취합니다. 오바마 정부는 애플이 침해한 삼성전자의 특허는 표준특허로 인식한 반면, 삼성전자가 침해한 애플의 특허는 상용특허로 간주해서 삼성전자에 불리한 조치를 취했던 것입니다. 미국의 보호무역 정책이라는 비난도 있지만 아무튼 미국 정부의 IT시장에 대한 접근 프레임이므로 잘 참고해야 하겠습니다.

스마트폰 시장 1위 유지 위한 삼성전자의 비책

삼성전자 스마트폰이 이 모든 것을 극복하고 다시 성장하기 위해서는 차별화된 제품을 만드는 방법밖에 없다. 2016년 출시가 예상되는 폴더블 스마트폰이 그 후보다. 폴더블 스마트폰은 지갑이나 노트처럼 펼치면 화면이 커지고 접으면 작아지는 스마트폰이다. 화면을 넓게 쓰고 싶을 때는 펼쳐서 사용하고, 가지고 다닐 때는 접어서 작게 만들

폴더블 스마트폰 예시

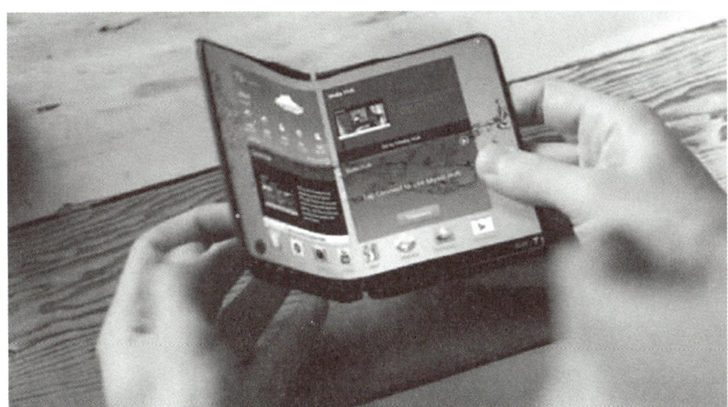

자료: 삼성전자

어 가지고 다닌다. 폴더블 스마트폰은 현재 개발중이고, 내년 시장에 출시되면 기존의 스마트폰과는 완전히 차별화되므로 큰 인기를 끌 것이다.

당분간 폴더블 스마트폰을 제조할 수 있는 경쟁사가 없다는 것도 포인트다. 폴더블 스마트폰 제조를 위한 플렉서블 디스플레이는 당분간 삼성디스플레이만 만들 수 있기 때문이다. 2016년 폴더블 스마트폰이 얼마나 완성도 높게 나오느냐에 따라 삼성전자 스마트폰의 미래가 결정될 것으로 보인다.

수요가 부진한 PC

2014년 기준 삼성전자의 전 세계 PC시장 점유율은 8위 수준이다. 시장점유율은 HP, 델, 레노보[Lenovo], 애플, 아수스[Asus] 등의 기업이 있다.

삼성전자는 최근 PC 사업에 공을 들이고 있지 않다. 시장 전망이 어둡고, 타 전문 PC 제조업체보다 두각을 나타내기 힘들다고 판단하기 때문이다. 삼성전자는 2013년 동아프리카를 시작으로 2014년 남아프리카공화국에서 PC 판매를 중단했다. 유럽지역 중저가시장에서도 철수했다. 삼성전자는 PC보다는 스마트폰과 태블릿PC에 회사의 역량을 집중하고 있다.

줄어드는 수요, 부진한 판매

이러한 전략 변화의 가장 큰 이유는 PC 수요가 급격히 줄어들었기 때문이다. 소비자들의 시선이 스마트폰, 태블릿PC에 쏠려있기 때문이다. 소비자들은 기능상 개선이 거의 없는 PC를 교체 구매해야 할 필요성을 느끼지 못하고 있다. 특히 최근 들어 판매 부진은 더욱 심화되고 있다. 시장조사기관 가트너가 발표한 2015년 2분기 PC 출하량은 전년 동기 대비 9.5% 감소한 6,800만 4,000대를 기록했다. 1분기는 5.2% 감소한 7,170만 대를 기록했다. 이는 다음과 같은 이유 때문이다.

a. 신제품의 부재

우선, 신제품이 나오지 않고 있다. 통상적으로 PC 신제품은 해마다 1회씩 발표되었다. 매년 8월이면 CPU시장을 독점하고 있는 인텔은 신제품 CPU를 공개해왔다. PC 업체들은 이에 맞춰 신제품 PC을 만들고 하반기와 다음해 상반기에 팔았었다. 그런데 2015년에는 이러한 흐름이 깨졌다. 인텔이 문제였다. 인텔은 2014년 8월 공개한 신제품 CPU 브로드웰을 제대로 생산하지 못했다. 브로드웰은 최초로 14nm공정으로 제조한 CPU이다. 14nm공정은 매우 어려워 인텔도 제대로 된 수율을 내지 못했다. 2015년 3월에야 제품이 원활히 출하되기 시작했다.

3월부터 CPU가 제대로 공급되기 시작했지만, PC 업체 중 상당수는 신제품 PC를 제조하지 않았다. 8월에 다시 인텔의 신제품 CPU 스카이레이크가 출시되기 때문이다. PC 업체가 힘들게 브로드웰을 탑재한 PC를 개발해도 스카이레이크 때문에 고작 5개월밖에 팔지 못한다. 올해 상반기 장사는 그냥 포기하고 하반기 스카이레이크에 집중하기로 한 것이다. 특히 브로드웰은 이전 제품인 하스웰과 성능 차이가 크지 않다. 스카이레이크는 브로드웰과 성능 차이가 크다. 이 점도 PC 업체들의 판단에 영향을 미쳤다.

b. 2014년도 판매 호조로 수요 충당

2014년도에 PC가 많이 팔렸었다. 2014년 2분기 마이크로소프트가 윈도우XP에 대한 지원을 종료하며 2014년 내 기업들이 윈도우XP를 사용하고 있는 PC를 대거 교체했기 때문이다.

c. 윈도우10을 기다리던 소비자의 구매 보류

마이크로소프트는 2015년 7월 윈도우10을 발표했다. 소비자와 PC 업체의 윈도우10에 대한 기대는 크지 않다. 하지만 발표가 임박한 2분기에는 대기 수요가 일부 존재했던 것으로 파악한다.

따라서 2015년 하반기에는 PC 수요가 일부 회복될 것으로 보인다. 스카이레이크는 마이크로 아키텍처도 바뀐 제품이다. 공정만 바뀐 브로드웰보다 성능 향상의 폭이 크다. 브로드웰이 제대로 팔리지 못해 발생한 이연 수요도 반영될 것으로 보이므로 상반기보다는 하반기 수요가 좋아질 것이다. 2015년 PC 출하량은 3억 100만 대로 전년대비 4.3% 감소할 것으로 예상된다.

이제 PC는 더이상 과거와 같이 누구나 구매하고 짧은 주기로 교체

인텔 CPU 로드맵–PC용

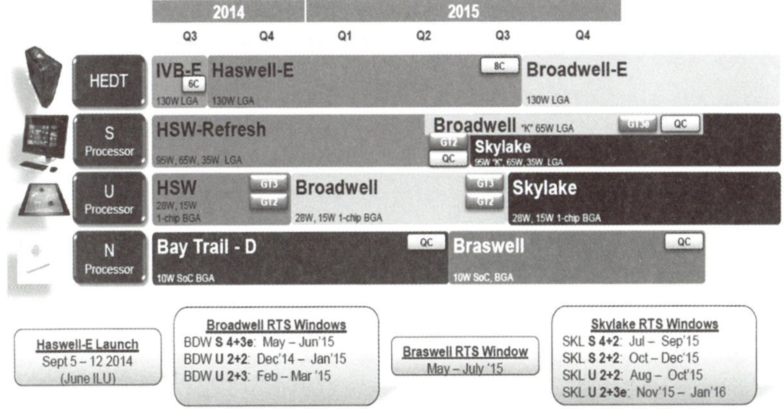

인텔 CPU 로드맵–모바일용

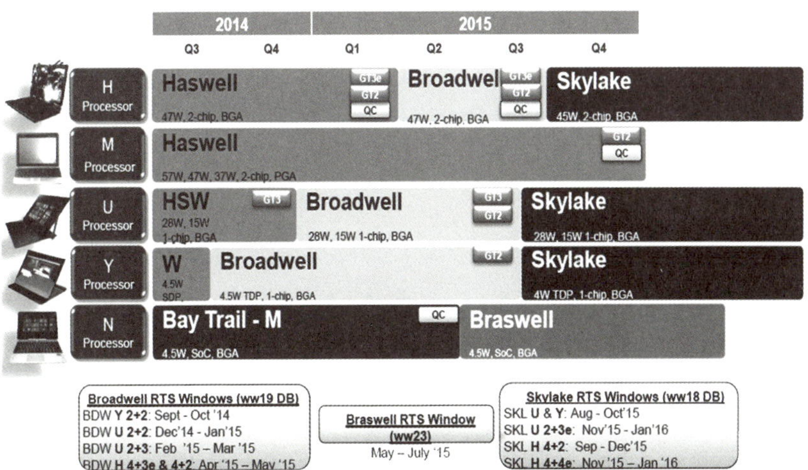

'틱톡'은 인텔이 코어 프로세서 업데이트에 있어 사용하는 전략이다. '틱'에서 공정 미세화를, '톡'에서 새로운 아키텍처를 도입한다. 그래서 보통 '틱'에서 전력 소모량이 줄어들고, '톡'에서 성능 향상과 함께 각종 새로운 기술이 더해진다.

Micro Architecture	Process Node	Tick or Tock	Release Year
Coroe/Merom	62nm	Tock	2006
Penryn	45nm	Tick	2007
Nehalem	45nm	Tock	2008
Westmere	32nm	Tick	2010
Sandy Bridge	32nm	Tock	2011
Ivy Bridge	22nm	Tick	2012
Haswell	22nm	Tock	2013
Broadwell	14nm	Tick	2014
Skylake	14nm	Tock	2015

자료: 미래에셋증권

하는 제품이 아니다. 대부분의 기능이 스마트폰과 태블릿PC로 대체 가능하다. PC는 업무용으로 주로 쓰일 것이다. 그리고 가정에서의 교체 주기는 길어질 것으로 예상된다.

04

네트워크장비

삼성전자 네트워크사업부는 이동통신, 홈 네트워크, 엔터프라이즈 네트워크 등 정보통신장비를 생산·판매한다. 주요 고객은 국내 이동통신 업체이다. 2014년 매출액은 3조 5,000억 원 수준이다. 전사 매출액에서 차지하는 비중은 2% 정도다. 세계시장 점유율 상위 업체는 시스코Cisco, 후아웨이Huawei, 에릭슨Ericsson, 알카텔루슨트Alcatel-Lucent, ZTE 등이다. 삼성전자의 시장점유율은 2%에 그쳐 규모가 크지 않다.

최근 업황은 이동통신 업체들이 LTE 투자를 하면서 양호했다. 삼성전자도 2010년 이후 해외시장에서 총 10건 이상의 네트워크장비 공급 계약을 체결했다. 삼성전자 스마트폰이 히트를 치면서 네트워크장비도 시너지 효과를 냈다. 하지만 최근 스마트폰 판매가 둔화되면서 네트워크 사업부 실적도 성장세가 둔화되고 있다.

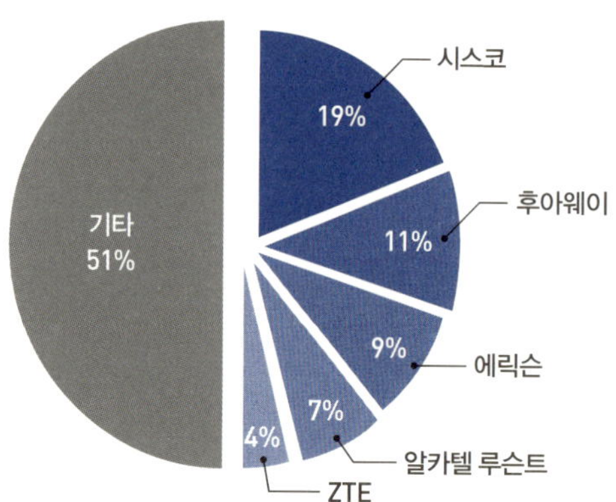

자료: Infonetics Research

차이나텔레콤이 선정한 FD-LTE(주파수 분할 방식 LTE) 사업자는 후아웨이, 에릭슨, 알카텔루슨트, ZTE, 노키아다. 인도의 최대 통신회사 바르티 에어텔도 노키아를 선정했다. 삼성전자 네트워크 사업부는 고객을 다변화하기 위해 노력하고 있다. 하지만 중국 업체의 가격 경쟁력과 선진 업체의 기술력 사이에서 실적이 정체되고 있다. 돌파구를 마련해야 할 시점이다.

SAMSUNG

디스플레이(DP): 최고의 기술력이 빛낸 디스플레이

삼성디스플레이는 역사가 짧지만, 삼성전자에서 매우 중요한 사업부입니다. 삼성전자의 TV나 스마트폰의 액정화면 스펙이 최고인 이유는 삼성디스플레이의 기술력이 세계 최고이기 때문입니다. 특히 OLED분야에서는 독보적입니다. 이렇게 기술력은 최고지만, 시장환경은 아직 녹록치 않습니다. 삼성전자가 이 영역에서 시장성을 가지고 창출할 수 있는 미래가치들을 생각해봅시다.

01

제품의 얼굴을
빛내는 디스플레이

삼성디스플레이는 삼성전자 연결 자회사다. 삼성전자가 지분을 84.8% 소유하고 있는 삼성디스플레이의 2014년 실적은 매출액 25조 7,000억 원, 영업이익 6,600억 원이었다. 삼성전자 내 매출액 비중은 12.5%로서 그 비중은 크지 않다. 최근 디스플레이 업황이 좋지 않아 영업이익 비중은 더 낮다.

하지만 디스플레이는 삼성전자 내 매우 중요한 사업부다. 삼성그룹 내 가장 중요한 상품은 스마트폰이다. 소비자들이 스마트폰을 선택하는 우선순위 중 하나는 퀄리티가 높은 디스플레이다. 삼성디스플레이의 기술력은 세계 최고다. 최고의 기술력으로 제조한 최신 디스플레이는 삼성전자 스마트폰에 우선 공급한다. 삼성전자 스마트폰이 다른 회사와 비교해서 높은 스펙을 지속 유지하고 있는 이유 중 하나다.

삼성디스플레이는 2012년 탄생했다. 에스엘시디S-LCD, 삼성모바일

디스플레이 등 여러 회사로 흩어져 있던 디스플레이 사업을 한 회사로 모아서 효율적으로 운영하기 위해서였다. 삼성디스플레이는 AMOLED (Active Matrix Organic Light Emitting Diodes), LCD(Liquid Crystal Display) 두 가지 타입의 디스플레이를 생산하고 있다.

관련 자료 찾아보기 ㉑
삼성디스플레이 공식블로그(blog.samsungdisplay.com)

삼성디스플레이 공식 블로그(blog.samsungdisplay.com)에서 관련 메뉴들을 살펴보기 바랍니다. 기술 동향, 기기 적용 사례, 회사 관련 소식, 직장생활 요령 등 다양한 내용들이 한 곳에 모여져 있으므로 활용도가 높습니다. 특히 '기술 & 미래' 카테고리는 삼성전자의 디스플레이 관련 비즈니스를 쉽게 이해할 수 있는 소스라고 할 정도로 내용이 다양합니다.

02

유기물의 자체 발광,
OLED

OLED는 자체 발광형으로 양산되는 디스플레이 중 가장 첨단이다. LCD는 자체 발광하지 못한다. 액정 뒤 추가로 장착한 라이트를 통해 빛을 낸다. OLED는 형광이나 인광 유기물에 전류를 흘리면 전자와 정공(전자가 점유되어 있는 않은 빈 공간)이 유기물 층에 충돌하며 빛을 내는 원리를 이용한다. 발광층을 구성하는 유기물질의 종류에 따라 빛의 색이 달라진다. OLED는 1987년 미국 코닥Kodak의 탕칭완과 스티븐 반 슬라이크가 발명했다. OLED는 소자 라인 전체가 발광하는 PMOLED(Passive Matrix OLED)와 발광 소자가 각각 구동하는 AMOLED로 나뉜다.

OLED의 장점은 다음과 같다. 첫째, 백라이트가 없어 LCD보다 얇게 만들 수 있다. 둘째, 소비 전력이 LCD보다 적다. 마지막으로 디스플레이 기판을 유리가 아닌 플라스틱 등으로 만들 수 있어 휘어지는 제품 구현이 가능하다.

OLED 구조

OLED 전극에 전압을 가하면 양극에서는 정공이 운송되고, 음극에서는 전자가 운송되어 발광층(EML) 내에서 결합한다. 이때 생성된 엑시톤(Exciton)이 기저상태로 전이하면서 빛을 낸다.

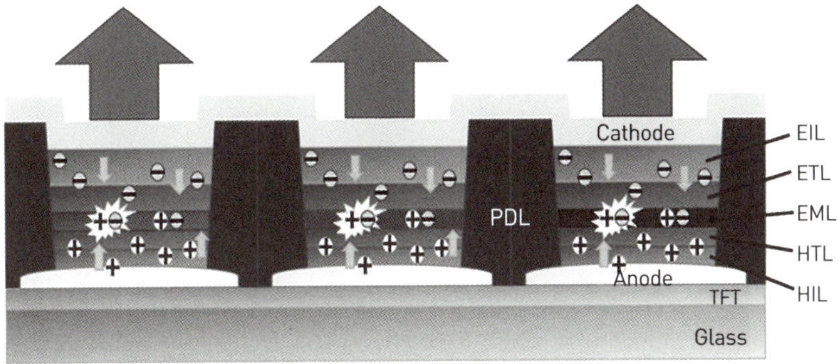

자료: 제일모직, 미래에셋증권

OLED와 LCD의 비교

OLED는 백라이트와 액정, 컬러필터가 없고, RGB 소자가 자체적으로 빛을 낸다. 그리고 LCD보다 훨씬 구조가 간단하다.

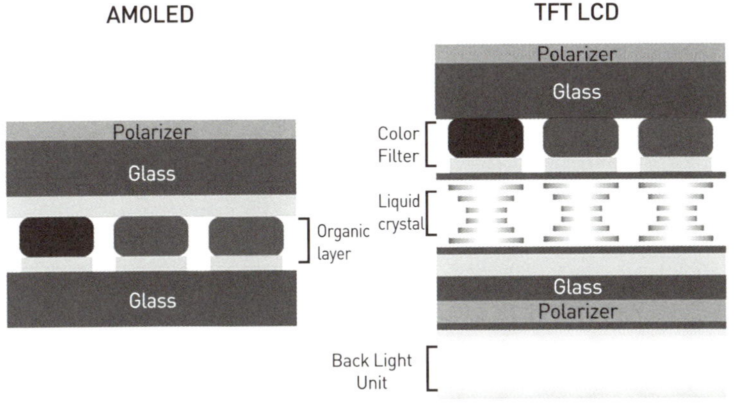

자료: 제일모직, 미래에셋증권

LCD 대비 뚜렷한 이익을 만들지 못하고 있는 OLED

현재 OLED를 생산해서 판매하는 회사는 삼성디스플레이, LG디스플레이, 대만의 AUO 정도다. 이 중 삼성디스플레이의 비중이 절대적인데, 시장점유율이 90%를 상회한다. 선제적인 개발과 과감한 투자, 플래그십 스마트폰에 공격적으로 채용한 것이 만들어낸 결과다.

다만 아직까지는 OLED를 독점하는 것에서 발생하는 부가가치가 크지 않다. 위에서 언급한 이론적인 OLED의 우수함과 달리 현실에서는 아직 LCD의 장점이 많기 때문이다. LCD 생산 기업들의 연구 개발 결과, 소비자 개인적인 취향 차이가 있지만 아직 LCD의 색감을 선호하는 사람들이 많다. 게다가 OLED 대비 밝기나 전력소비절약도 부족하지 않고, 고해상도 구현도 유리하다. 특히 OLED와 비교해 가격이 싸다. 때문에 아직 OLED를 스마트폰에 주력으로 사용하는 업체는 삼성전자가 유일하다.

다른 스마트폰 회사들도 OLED를 서로 쓰겠다고 해야 OLED 디스플레이를 외부에 비싸게 팔고 이익을 크게 낼 수 있을 텐데 아직까지 대부분의 스마트폰 제조사는 AMOLED에 대한 매력을 크게 느끼지 못하고 있는 실정이다. 대부분의 물량을 삼성전자 자체 내에서 소화하기 때문에 삼성디스플레이는 OLED에서 큰 이익을 기록하지 못하고 있다.

OLED의 승부처는 휘어지고 접히는 디스플레이

본격적인 게임은 지금부터다. LCD는 구현하기 힘든 휘어지는 플렉서블 디스플레이가 OLED로 양산을 시작했기 때문이다. 2014년 하반기 발표한 갤럭시노트4는 처음으로 디스플레이 옆면이 휘어 있는 타입으로 발표되었다. 메인 모델은 아니고 파생 모델이다. 삼성디스플레이의 플렉서블 OLED 디스플레이가 탑재되었다. 2015년 상반기 발표한 갤럭시S6 엣지는 디스플레이 양쪽 모두 휘어있는 타입이다. 전체 갤럭시S6 출하량 중 플렉서블 디스플레이를 장착한 엣지의 비중은 50% 수준이고, 갤럭시S6의 메인 모델에 적용된 것에 의미가 있다.

향후 폴더블 디스플레이를 탑재한 스마트폰이 출시되면 OLED 디스

Fig 91

플렉서블 AMOLED

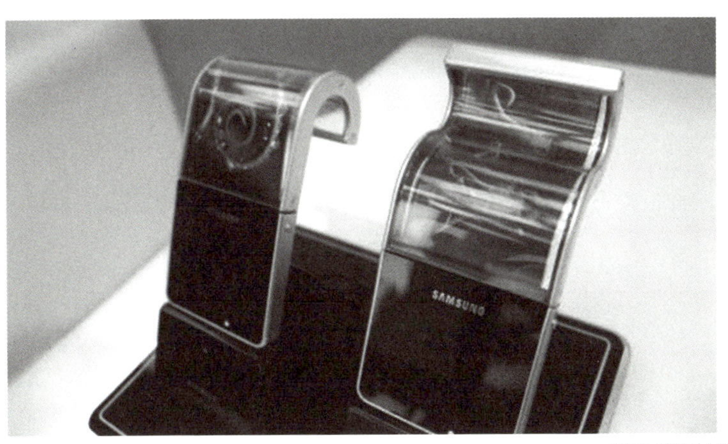

자료: 삼성디스플레이

플레이는 LCD와 극명한 차이를 보일 것으로 예상한다. 삼성디스플레이 이외에 LG디스플레이나 중국 디스플레이 업체들이 OLED 투자를 현재 본격적으로 시작한 이유다. 삼성디스플레이 역시 2015년 상반기부터 6세대 플렉서블 OLED 공장인 A6 라인을 가동하기 시작했다. 2016년에는 생산시설을 늘릴 예정이다.

OLED시장 현황 체크하기

OLED시장 현황 네 가지를 체크해봅시다.

OLED 디스플레이 부분은 수익성 측면에서는 아직 삼성전자의 효자 종목이 아닙니다. 하지만 향후 스마트폰의 진화 방향에 따라 놀라운 성과를 보여줄 수 있는 잠재력이 큰 사업 영역입니다. 관련 시장 현황을 잘 파악해두기 바랍니다.

모바일과 관련한 OLED시장 현황을 네 가지로 체크해볼 수 있습니다. ① 아직 LCD 고유의 장점이 존재하는 상황이어서 OLED로의 대체수요는 본격적으로 나타나지 않고 있다는 점입니다. ② 이런 이유로 OLED를 스마트폰에 주력으로 사용하는 삼성전자 입장에서 수익성은 아직 그리 높지 않다는 점입니다. ③ 하지만 플렉서블 디스플레이가 OLED로 양산을 시작하면서 새로운 도약의 발판을 마련하게 되었다는 점입니다. ④ 향후 폴더블 디스플레이를 탑재한 스마트폰이 출시되면 OLED의 차별성이 크게 부각될 것으로 예상된다는 점입니다.

대형 디스플레이에서 고전하는 OLED

TV로 대표되는 대형 디스플레이에서도 OLED는 고전 중이다. 고전을 면하기 위해서는 패널 제조와 제품의 시장경쟁력에서 모두 개선이 필요하다.

우선 패널 제조의 어려움을 개선해야 한다. TV용 대형 OLED 패널은 LTPS-RGB(Low Temperature Poly-Silicon-Red Green Blue), Oxide-WOLED 두 가지 방식으로 제조한다. 삼성디스플레이는 LTPS-RGB를 선택했고, LG디스플레이는 Oxide-WOLED를 선택했다. 기술적으로는 LTPS-RGB가 우월하다. 빨간색, 녹색, 파란색을 표현하는 개별 소자가 발광하기 때문에 다른 방식보다 구조가 간단하다. LTPS-TFT 소자 역시 다른 방

RGB, WOLED 구조와 배면발광방식 원리

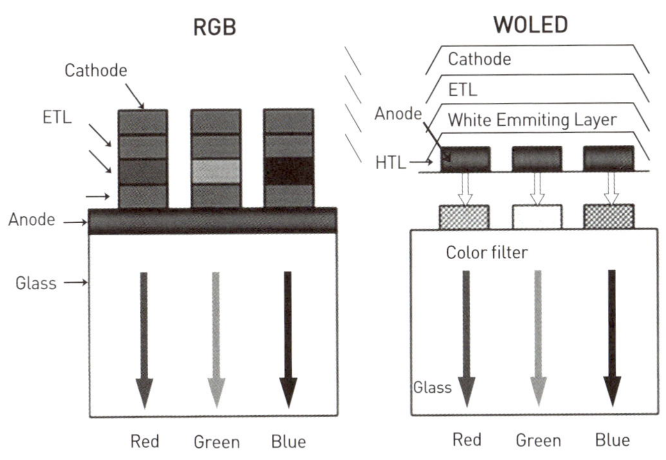

자료: LG디스플레이, 미래에셋증권

식보다 스피드가 빨라 고해상도 디스플레이에 유리하다. 스마트폰용 OLED 디스플레이 제조에 사용된 방식이라 검증이 되었다는 장점도 있다.

하지만 대면적에서 LTPS-RGB는 제조가 매우 어렵다. OLED 디스플레이에서 유기 물질을 증착할 때는 FMM(Fine Metal Mask)이라는 것을 사용하는데, 소자 모양으로 구멍이 뚫린 FMM을 패널 기판에 대고 유기 물질을 끓여서 만들어진 기체를 분사하면 소자 모양대로 증착(Small Mask Scanning)이 된다.

Fig 93

LTPS-TFT공정

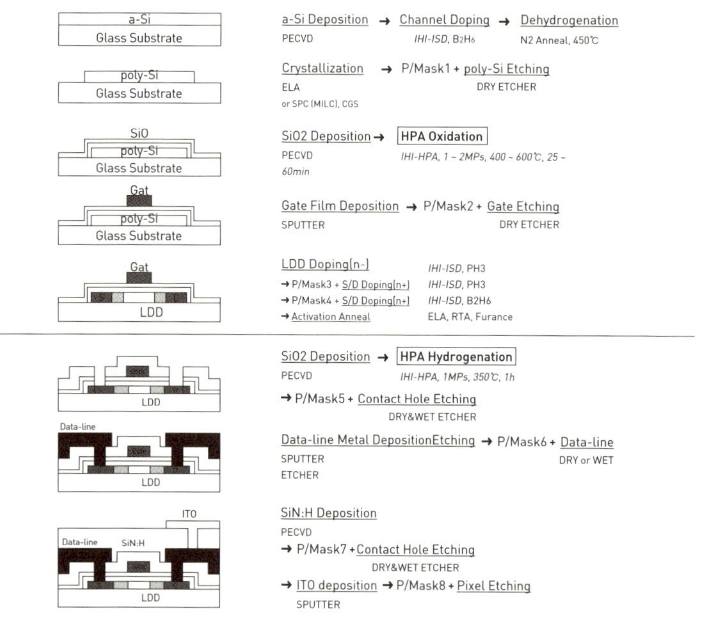

자료: 산업자료, 미래에셋증권

FMM(Fine Metal Mask)를 사용한 OLED 공정은 6세대 이상 대면적에서 사용하기 힘들다. FMM Free 공정이 필요하다. LITI(Laser Induced Thermal Image)는 양산에 도입되지 않았다. WOLED는 LG디스플레이에서 양산에 도입했다. 솔러블(Soluble)은 잉크젯 프린터로 유기물질을 분사하는 방식이다. 다수의 업체들이 미래에 양산 도입을 검토하는 공정이다.

ITEM		FMM	FMM-Free		
		FMM	LITI	WOLED	Soluble
Schematic					
Key	Performance	◎	◎	○ ~ ◎	△
	Scalability	〈 G6		〉 G8	〉 G8
	Technology Maturity	◎	?	○ ~ ◎	△
Advantages		• Superior Product Performance	• Superior Product Performance • High Resolution	• Scalability & • Superior Productivity	• Scalability & Low Cost • Material Usage: 〉 80%
Issues		• Scalability : 〉 Gen 6 • Mask/Glass Sagging & Alignment Accuracy	• Scalability • Donor Film Cost • Delamination Process	• Additional C/F Process • High Power Consumption	• Poor Material Performance • Limited Material Supplier
Current Status		Under Mass Production	Under development	Under Development	Under Development

자료: SNE, 미래에셋증권

TV처럼 패널이 커지면 FMM도 같이 커지게 된다. 여기서 문제가 발생한다. FMM은 크기가 커지면 휘어지는 등 여러 가지 문제가 발생한다. 이를 해결하기 위해서는 패널을 분할해서 증착해야 하는데, 이렇게 되면 대형 패널을 생산하지 못하게 되고, 전체 생산성이 떨어지게 된다. 삼성디스플레이는 결국 이러한 문제를 해결하지 못하고 OLED TV 생산 계획을 잠정 중단하였다.

LG디스플레이가 채택한 Oxide-WOLED 방식은 조금 낫다. 이 방식은 RGB를 따로 증착할 필요가 없다. 백색광 AMOLED 소자를 증착하고 색깔은 컬러필터를 통해 표현한다. FMM이 필요 없기 때문에 FMM

으로 인한 문제도 없고 8세대 대형 면적의 패널도 제조가 가능하다. 초창기 수율은 매우 낮았으나 현재는 문제가 없다.

하지만 제품의 시장경쟁력 문제는 여전하다. Oxide-WOLED 방식도 비싼 재료와 비싼 장비로 인한 감가상각비 등으로 생산원가가 매우 높다. 같은 사이즈의 OLED TV는 LCD 대비 가격이 2배 이상 비싸다. 수명도 LCD보다 낮다. 이렇다 보니 품질상 이점이 높은 가격을 상쇄할 정도가 못된다. 소비자들이 OLED TV를 살 이유가 현재까지는 없는 셈이다. OLED TV는 LCD TV 생산원가의 큰 부분을 차지하는 백라이트가 없기 때문에 이론적으로 LCD TV보다 싸게 만들 수 있다. 하지

Fig 95

OLED 증착공정

FMM(Fine Metal Mask) 공정의 문제점은 6세대 이상 대면적에서는 마스크가 휘는 것이다. ELA(레이저 결정화) 공정의 문제점은 대면적에서 그레인 바운드리(Grain Boundry) 등의 영향으로 결정의 균일도가 저하된다는 것이다.

	Planar pixel RGB			Stacked RGB
	FMM (FinemetalMask)	LITI (LaserInduced Thermal Image)	Ink-jet Print	WOLED withcolorfilter
Accuracy	±15um	±2.5um	±10um	±2.5um
Resolution	~250ppi	300~400ppi	~200ppi	300~400ppi
Aperture ratio	40~50%	70~80%	~60%	70~80%
Color reproduction	Good	Good	Good	Normal
Advantages	- Verified technology - Excellentcolorgamut	- Large display - Highresolution	- Economic - Optimizedfororganicuse	- Large display - Higheryield
Disadvantages	Difficulty in large display	Blue-emitting phosphor problem	Developing organic material	Low luminance efficiency
Production	SEC A1, A2(p1, p2)	SEC A2 (p3)		LG M1

자료: SNE, 미래에셋증권

만 아직 실현되고 있진 않다. 향후 다른 업체들이 생산에 뛰어들게 되면 재료나 장비 가격 하락으로 생산원가도 하락할 수 있을 것이다. 삼성디스플레이는 OLED TV가 LCD 대비 경쟁력을 가질 수 있을 것으로 판단되는 시점에 재진입할 것이다.

RGB 증착공정(FMM, SMS)의 문제점

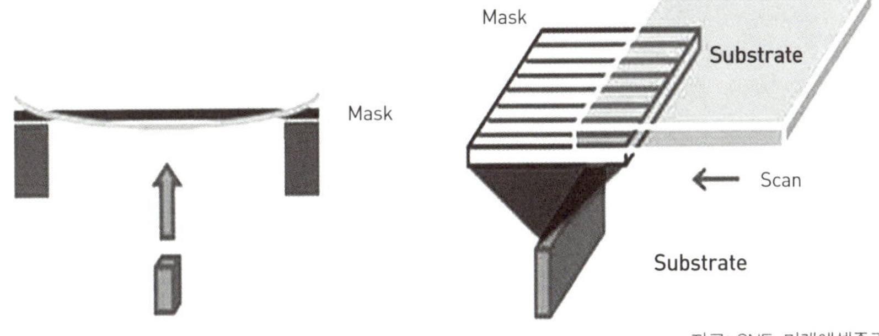

자료: SNE, 미래에셋증권

LTPS TFT Backplane공정(ELA)의 문제점

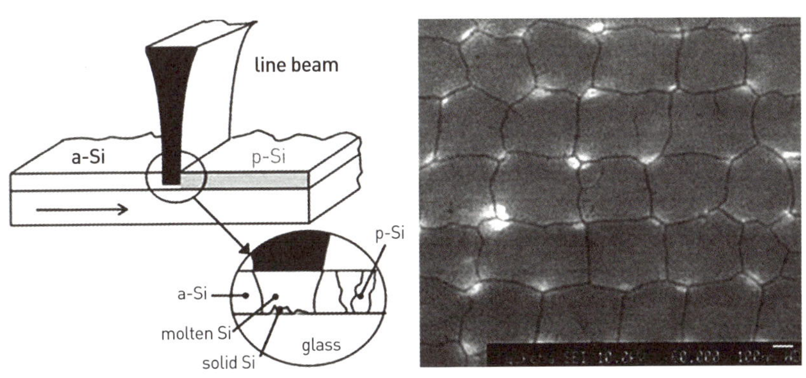

자료: SPIE, 미래에셋증권

OLED TV

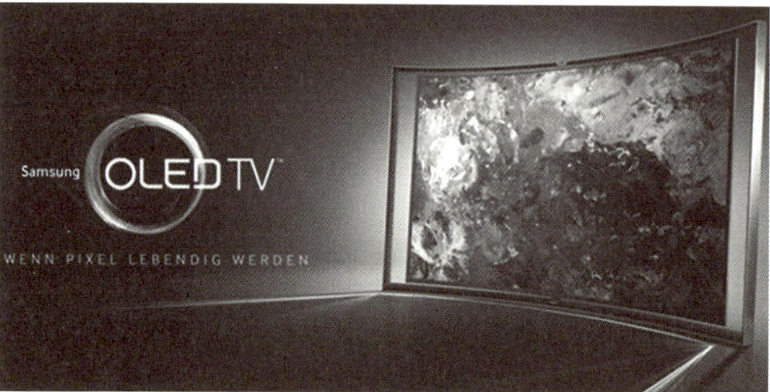

자료: 삼성전자

OLED 생산력

자료: DisplaySearch

OLED TV의 시장 동향을 두 가지로 정리해봅시다.

TV 영역과 관련한 OLED시장 동향은 크게 두 가지로 집약할 수 있습니다. ① LTPS-RGB 기술의 우위에도 불구하고 FMM의 증착 애로에 따른 문제로 현재 삼성전자의 OLED TV 생산은 잠정 중단되어 있는 상황입니다. 대신 크기와 전압에 따라 다양한 빛을 낼 수 있는 2~10nm의 반도체 결정으로 만든 발광소자인 퀀텀닷(Quantum Dot, 양자점) 기술을 적용한 SUHD TV에 역량을 집중하고 있습니다. 회사 주변에서는 SUHD TV를 생산·판매하면서, 경쟁사들과의 차별화를 위해 백라이트를 완전히 없애고 퀀텀닷이 자체적으로 발광하는 화면을 구현하는(양자점발광다이오드 QLED) TV로 직행할 가능성도 점쳐지고 있습니다. ② 같은 OLED이지만 LG진영이 삼성전자보다는 양산 수율 측면에서는 유리한 위치에 있다는 점입니다. LG의 WOLED는 적·녹·청 소자를 모두 발광시켜 얻은 백색의 OLED에 별도 컬러필터를 덧대어 색상을 표현합니다. 반면 삼성의 LTPS-RGB는 적·녹·청 소자를 직접 발광해 색을 표현하는 RGB 방식이어서 대형 패널 생산 수율 확보에 불리한 구조입니다. 하지만 LG든 삼성전자든 OLED TV 자체의 가격 경쟁력이 LCD에 비해 크게 불리하여 아직은 미래를 장담할 수 없는 상황입니다.

03

디스플레이의 여전한 대세, LCD

얇고 가벼운 전자제품의 필수 액정

LCD(Liquid Crystal Display)는 액정표시장치다. 후면에 라이트를 두고 전면에 액정이라는 물질을 준다. 그러면 액정 분자가 전기 신호에 따라 배열을 바꾸면서 빛을 차단하거나 통과해서 영상을 보이게 한다. 액정은 고체와 액체의 성질을 동시에 가지는 물질이다. 전기 신호가 없을 때 액정은 분자가 불규칙하게 배열되어 편광판을 통과한 빛의 방향을 비틀어 통과하고 전기 신호를 주면 액정의 배열이 규칙적으로 바뀌며 2차 편광판에 빛이 막혀 영상이 나오지 않게 한다.

LCD 이전의 디스플레이였던 CRT(Cathode Ray Tube)는 매우 두꺼웠다. LCD가 나오면서 얇은 디스플레이 시대가 열렸다. LCD는 현재 TV, 스마트폰, 태블릿PC, 모니터 등에서 가장 많이 사용하는 디스플레이다.

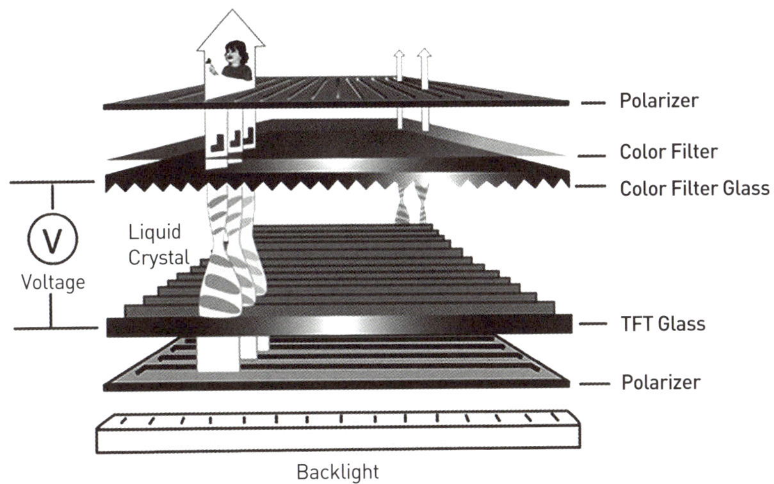

자료: newhavendisplay.com

글로벌 이슈에 울고 웃는 LCD시장

2014년 4분기 기준 LCD시장의 업체별 점유율은 다음과 같다. LG디스플레이 29%, 삼성디스플레이 21%, 대만 업체인 이노룩스Innolux와 AUO가 각각 17%, 16%다. 대형 LCD 중 제품별 매출액 비중은 TV 58%, 태블릿PC 8%, 모니터 17%, 노트북PC 12%다.

2014년 LCD 업황은 양호했다. 풀HD 해상도를 넘은 울트라HD 해상도 TV가 본격 출시되었고 TV의 대면적화가 급격히 일어났기 때문이다. TV 평균사이즈는 30인치대에서 2014년 40인치대로 올라갔다. 브

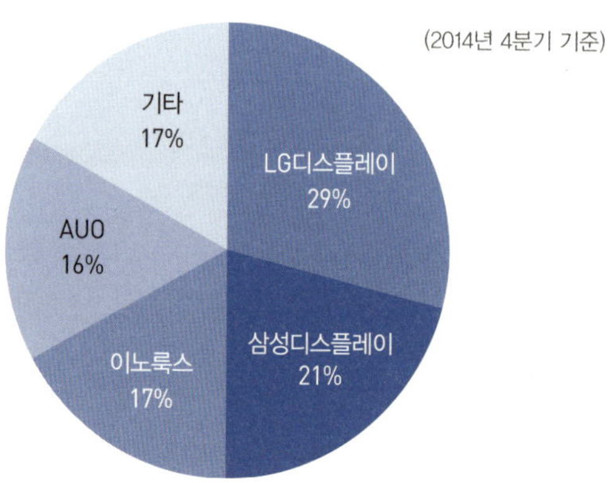

라질 월드컵으로 인한 TV 수요 증가 효과도 있었다. LCD 업체들의 수익성도 대폭 개선되었다. 소형 LCD 쪽에서는 애플 아이폰6의 큰 판매 호조로 인한 효과가 있었다.

2015년 들어 LCD 업황이 둔화되기 시작한다. 북미를 제외한 유럽, 중국 등 글로벌 경기가 침체되고 있기 때문이다. TV 수요 자체가 부진해지고 있다. 반면 공급은 증가하고 있다. 중국 쪽에서 매우 심하게 공급이 늘어나고 있다. BOE, CSOT 같은 중국 업체들은 중국 정부의 지원에 힘입어 신규 공장을 대거 지었고, 2015년 하반기부터 본격적인 가동이 시작되었다.

중국의 적극 생산과 일본의 경영 부진

중국 정부는 디스플레이 수입대체정책을 매우 강하게 추진하고 있다. 2014년 말 기준 TV 디스플레이 패널의 자급률은 20% 수준이었다. 이를 80%까지 끌어올리기 위해 자국 디스플레이 업체들에 유무형의 지원을 강하게 하고, 생산 증가를 위한 신규 공장 설립을 독려 중이다.

삼성디스플레이와 LG디스플레이도 이러한 중국시장의 움직임에 대응하기 위해 소주와 광주에 각각 8세대 LCD 공장을 최근 완공하고 가동하고 있다.

과거 세계를 호령하던 일본 디스플레이 업체들은 현재 경영 상태가 매우 부진하다. 재팬디스플레이Japan Display는 2012년에 경영 상황이 좋지 않은 소니, 히타치, 도시바 3사의 디스플레이 사업을 통합해서 만든 회사다. 스마트폰 등 중소형 디스플레이만 생산한다. 통합 이후에도 여전히 경영 상태는 좋지 않다. 샤프Sharp 역시 수익성이 매우 부진하다.

수요 정체, 공급 증가로 그리 밝지 않은 시장 전망

향후 LCD시장 전망도 그리 긍정적으로 보이진 않는다. TV 수요는 정체되어 있는 반면, 중국의 공급 증가세가 매우 거세기 때문이다. 2015년 5월 중국 업체 BOE는 7조 원을 투자해 10.5세대 LCD 공장을 짓는다고 발표했다. 디스플레이 기판 사이즈는 세대 수가 올라갈수록

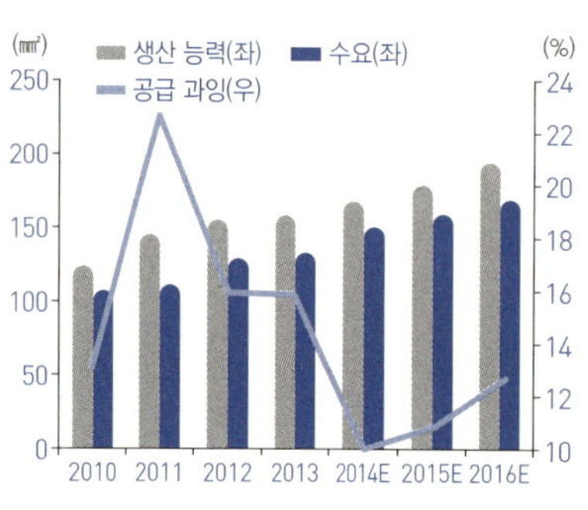

자료: DisplaySearch

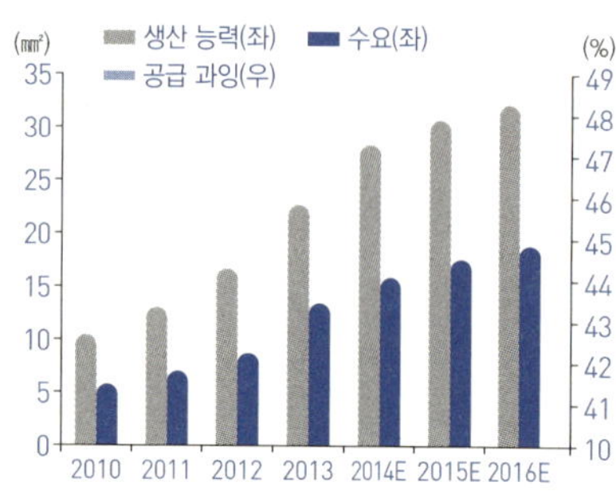

자료: DisplaySearch

커진다. 8세대 사이즈는 2,200×2,500nm다. 기판 사이즈가 커지면 기판 1장에서 나오는 LCD패널의 숫자가 많아지므로 생산성이 좋아진다. 큰 사이즈의 TV패널도 효율적인 생산이 가능하다. 다만 생산 장비들도 모두 커지기 때문에 투자비용도 급격히 올라간다.

국내 업체가 보유한 공장은 8.5세대가 최대다. BOE가 투자한다고 한 10.5세대는 기판 사이즈가 3,370×2,940nm이다. 현재 세계 최대 공장인 일본 샤프의 10세대(3,130×2,880nm)보다 크다. 국내 업체는 투자 효율성 문제 때문에 아직 10세대 공장에 투자하지 않았다. BOE는 향후 60인치 이상 TV 판매가 크게 증가할 것으로 예상하고 투자했다. 8세대 기판에서는 60인치 패널을 3장 생산할 수 있어 남은 기판의 절반 가까이는 버려야 했다. 10.5세대에서는 65인치, 60인치를 각각 8장 생산할 수 있다. 8세대 대비 원가경쟁력이 매우 커질 수 있다. 향후 60인치 이상 TV 판매가 호조를 보일 경우 중국 BOE가 매우 두각을 나타낼 수 있

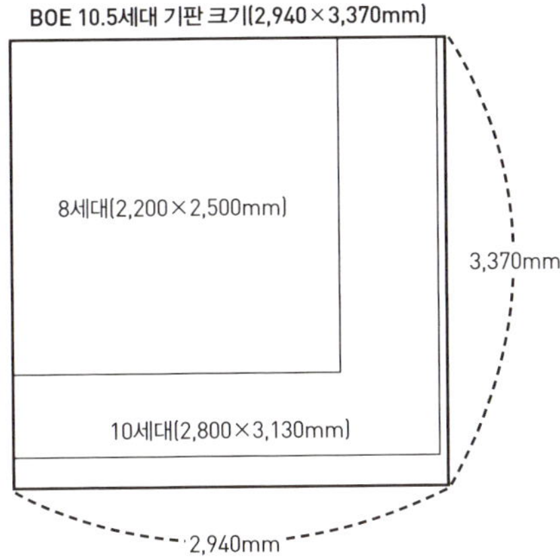

을 것이다.

국내 업체가 LCD산업에 계속 공격적으로 대응하려고 판단 중이라면 10세대 공장 투자는 필수라고 생각한다. 다만 경쟁사에 대응하기 위해 너도나도 10세대 이상 공장에 투자한다면 이는 LCD 공급 증가로 이어져 수익에 부정적인 영향을 끼칠 것이라고 판단한다.

멘토의 *Tip* ㉗   LCD시장 동향 정리하기

LCD시장 동향을 네 가지로 정리해봅시다.

LCD시장 동향을 네 가지로 정리해보겠습니다. ① 2014년까지 LCD 업황은 TV 대형화 수요, 애플의 아이폰6 판매 호조 등으로 양호한 흐름을 보였습니다. ② 하지만 2015년 들어 유럽과 중국의 경기부진이 지속되면서 TV 수요 자체가 부진한 모습입니다. ③ 중국 정부가 디스플레이 수입 대체를 강하게 드라이브하면서 국내 업체들도 중국 현지 공장 건설 등으로 대응하는 모습입니다. ④ 2015년 5월 중국 최대 LCD 업체인 BOE가 10.5세대 LCD 투자를 선언하면서 향후 60인치 이상 대형 TV 시장을 타깃으로 삼고 있습니다. LCD 산업에서 일본 기업들은 경쟁력을 크게 잃으면서 시장에서 사라져 가고 있는 모습인 데 반해 중국은 그동안 국가 차원에서 전략적으로 키워오면서 우리 업체들과 어깨를 나란히 하고 있습니다. 하지만 LCD 산업이 성숙기에 접어들면서 최근 중국 정부의 정책 방향에도 변화가 감지되고 있으므로 관련 내용을 살펴보기 바랍니다.

관련 자료 찾아보기 ㉒
검색 키워드, '중국 LCD산업'

'중국 LCD산업'을 키워드로 관련 내용을 탐색해보기 바랍니다. 중국의 BOE가 10.5세대 LCD 투자를 선언했지만 이는 어디까지나 중국 정부의 강력한 지원을 전제로 하는 것입니다. 하지만 중국 정부가 최근 디스플레이산업에 대한 입장 변화를 보이면서 BOE의 대규모 투자에 대한 평가도 대체적으로 차가워진 모습입니다. 다만, 중국 정부가 성숙기에 접어든 LCD보다는 OLED로 관심을 돌리는 모습이지만 문제는 양산 수율 기술이 확보되지 못해 당장에 성과로 연결되기는 어려운 실정입니다. 특히 2014년 중국 정부가 반도체산업 육성 전략을 발표하면서 LCD 분야에 대한 관심이 보다 낮아진 상황임을 참고하기 바랍니다.

SAMSUNG

소비자가전(CE)*: 소비자의 일상을 풍요롭게

세계 가전제품시장에서 삼성전자 TV는 기술력과 시장점유율이 압도적입니다. 하지만 나머지 분야에서는 다른 회사들과 경쟁이 치열해서, 삼성전자의 생활가전부문은 매출 대비 영업이익이 매우 낮은 구조입니다. 그러나 소비자의 일상에 사용되는 제품들이니만큼 삼성전자의 이미지를 결정하는 데 적지 않은 영향을 미칩니다. 이 분야에서 향후 어떤 전략이 필요할지 생각해봅시다.

*CE는 '소비자가전'이 정식 명칭이지만, 5장 본문에서는 일상용어인 '생활가전'으로 대체했습니다.

01
소비자 생활제품부문
매출 1위, TV

삼성전자의 CE부문은 TV완제품과 에어컨, 냉장고 등 생활가전을 제조해서 판매한다. 2014년 매출액 50조 2,000억 원, 영업이익 1조 2,000억 원을 기록했다. 삼성전자 내 매출액 비중은 24%, 영업이익 비중 5%다. 영업이익 비중은 낮지만 매출액 비중이 상대적으로 큰 편이다. 일반 개인들에게 가장 밀접하게 와 닿는 제품인 TV, 생활가전을 생산한다는 상징적인 의미도 크다. 소비자들은 이들 제품의 품질 수준으로 회사 전체의 이미지를 판단한다.

CE부문에서 가장 매출 비중이 높은 제품은 TV다. 부문 내 매출 비중은 61%에 달하는 것으로 추정된다. 시장조사기관인 위츠뷰Wits View에 의하면 2014년 글로벌 LCD TV 판매량은 2억 1,500만 원대로 전년대비 6% 증가했다. 전체 TV시장에서 LCD TV가 차지하는 비중은 95%를 상회한다. 2014년은 글로벌 경기 회복, UHD 등 고해상도 TV의 확산, 대화면 TV 판매 증대, 브라질 월드컵 등으로 인해 TV 판매가 호조를 보였다.

9년 연속 시장점유율 1위

디스플레이 서치 기준 TV시장 점유율은 삼성전자 29%, LG전자 17%, 소니 10%다. 삼성전자는 2015년 기준 9년 연속 1위를 기록하고 있다. 삼성전자는 높은 브랜드 밸류를 바탕으로 프리미엄TV시장에서 두각을 나타내고 있다. 2014년 UHD TV에 집중했고 커브드TV를 출시해 시장의 새로운 패러다임을 만들어냈다. UHD TV는 북미시장에서 35%,

삼성 UHD TV 시장점유율 추이

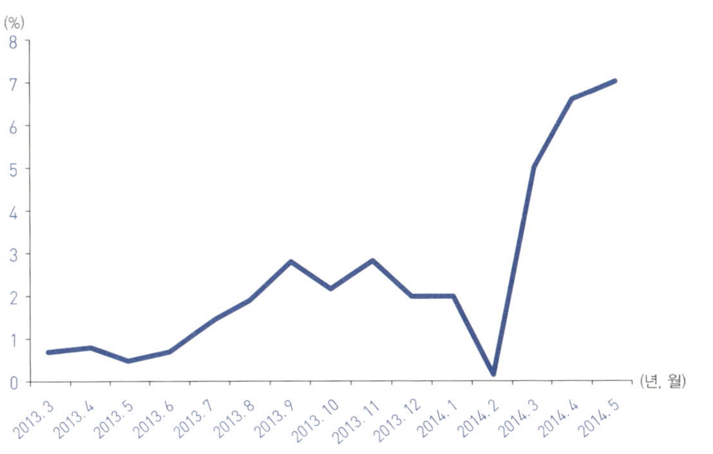

중국시장에서 20% 점유율을 보이며 1위를 기록했다. 2018년에는 전체 TV시장에서 UHD TV 비중이 30%를 상회할 것으로 예상한다. 삼성전자와 같은 프리미엄TV 메이커들이 향후에도 지속적으로 성장할 수 있을 것으로 예상된다.

TV시장 이슈: 퀀텀닷 TV와 OLED TV

최근 TV 시장의 화두는 퀀텀닷 TV와 OLED TV다. OLED TV는 OLED로 패널을 만든 TV다. 퀀텀닷 TV는 LCD TV의 일종으로 퀀텀닷 물질을 입힌 필름을 BLU(Back Light Unit)에 부착한 TV다. BLU에 형광물질을

Fig 106

삼성전자 SUHD TV

자료: 삼성전자

입힐 필요가 없어 색재현력이 크게 올라간다. OLED TV의 마케팅 포인트 중 하나가 색재현력이 일반 LCD TV보다 높다는 것이다. 그런데 퀀텀닷 LCD TV가 OLED TV의 색재현력보다 우수하다. 게다가 가격은 OLED TV가 일반 LCD TV 대비 2배가량 비싼데 비해 퀀텀닷 LCD TV는 20% 정도 비싸다. 당연히 소비자들의 관심이 퀀텀닷 TV로 몰릴 수밖에 없다.

삼성전자와 삼성디스플레이는 OLED TV 출시를 뒤로 미루고, 2015

퀀텀닷 밀도에 따른 상태

퀀텀웰(Quantum Well)은 원자에 큰 밴드갭을 가진 물질을 결합시키면 퀀텀 와이어(Quantum Wire)와 도어(Dor)로 변형된다. 퀀텀닷은 좁은 파장대에서 큰 형광을 발생시킨다. 퀀텀닷 물질을 입힌 필름을 LCD 백라이트에 붙이면 백라이트에 형광 물질을 입힐 필요가 없고, 색재현력이 크게 올라간다.

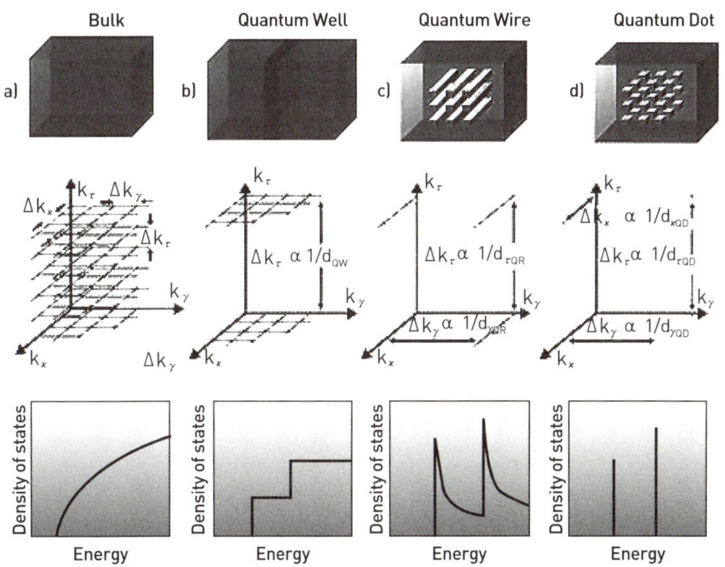

화이트 LED와 퀀텀닷 물질을 BLU에 입힌 경우 색깔 스펙트럼 비교

퀀텀닷 필름을 적용한 LCD TV의 색재현력은 일반 LCD TV보다 크게 높다.

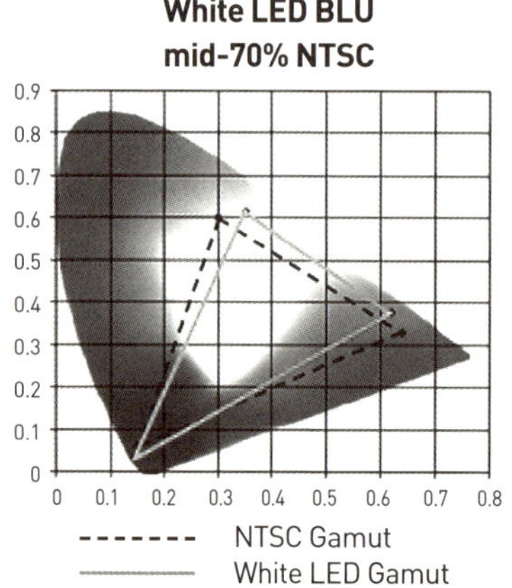

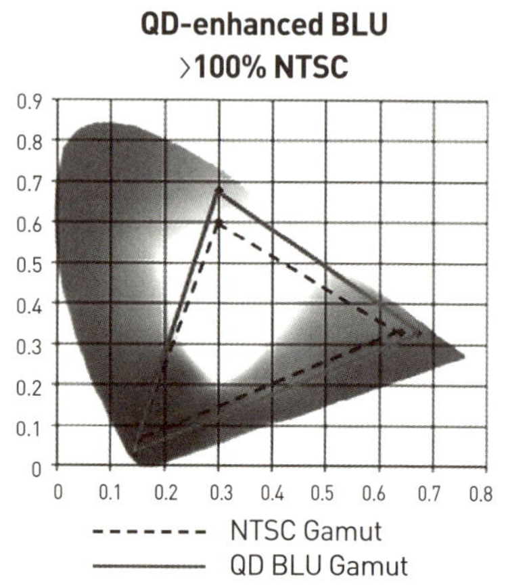

자료: Trentonsystems

년 퀀텀닷 TV를 출시하며 SUHD TV라는 이름을 붙였다. 퀀텀닷 TV가 등장 이후 시장에서 호평을 받고 있으나, 궁극적으로는 OLED TV가 시장을 장악할 것으로 예상된다. OLED는 백라이트, 액정, 퀀텀닷 필름 등 고가의 부품과 재료가 필요 없으므로 미래에는 LCD보다 원가가 떨어질 것이다. 하지만 아직까지는 OLED TV를 양산하는 업체는 한 곳뿐인데, 장비와 재료 가격이 매우 비싸 OLED TV 생산업체가 크게 증가하기 전까지 가격이 LCD보다 하락할 가능성은 거의 없다. 당분 간 SUHD LCD TV와 같은 틈새상품이 인기를 끌 것으로 전망된다.

삼성전자의 TV 사업전략을 세 가지로 정리해봅시다.

삼성전자의 TV 사업전략을 크게 세 가지로 정리해볼 수 있습니다. ① OLED TV의 공백을 퀀텀닷 TV로 메우는 전략입니다. 삼성전자에서는 '퀀텀닷'이라는 표현 대신에 '나노크리스탈 기술'과 '픽셀 제어기술'이라는 용어를 사용하고 있는데, 퀀텀닷 TV는 전류에 따라 각기 다른 색을 내는 나노미터 크기의 '퀀텀닷(양자점)' 필름을 LCD 백라이트에 결합시킨 것입니다.

② 퀀텀닷 TV가 기존 LCD TV에 비해 색 표현력이 64배나 향상되었지만 가격은 20% 정도만 비싸기 때문에 2배나 비싼 OLED TV에 비해 상품성이 뛰어나다고 보는 것입니다. 2015년 처음 출시된 삼성전자의 퀀텀닷 TV는 SUHD TV라는 이름을 달고 있습니다.

③ 2015년 출시된 SUHD TV를 포함해 앞으로 출시되는 스마트TV에는 삼성의 독자적인 OS '타이젠TIZEN'을 전면 적용한다는 전략입니다. 이미 스마트폰 같은 외부 기기와 연결할 수 있는 퀵커넥트 기능, 다양한 기기의 콘텐츠를 공유하는 스마트허브 기능 등을 탑재했습니다. 또한 미국에서 서비스 중인 온라인 영상 콘텐츠 제공 서비스인 '밀크 비디오'를 조만간 국내에 도입할 계획임을 회사가 밝힌 바 있습니다. 삼성전자의 TV 비즈니스는 앞으로 스마트TV시장 잠재력이 크다는 점을 고려하면 관련 시장동향을 잘 체크해둬야 하겠습니다.

'삼성전자 TV 전략'을 키워드로 관련 내용들을 살펴보기 바랍니다. 삼성전자가 2009년 출시하여 히트친 LED TV는 어떻게 보면 마케팅 전략(즉, 네이밍)의 승리라고 할 수 있습니다. 근본적으로 LED TV는 구조적으로 LCD TV지만 빛을 발생시키는 뒷부분의 조명을 CCFL(냉음극형광램프)에서 LED(자체발광다이오드) 조명으로 바꾸면서 TV명칭도 LED TV라고 바꾸었습니다. 이후 전문가들이 LED TV라고 일반적으로 사용하면서 삼성전자의 LED TV도 그만큼 독점력 확보와 차별화에 성공한 것입니다. 그렇게 해서 새로운 TV 카테고리가 만들어진 것입니다.

쿼텀닷 TV도 이와 유사한 맥락에서 이해해 볼 수 있을 것 같습니다. 2014년과 2015년 연속해서 중국 TV업체들은 세계 최대 가전전시회인 미국 CES(Consumer Electronics Show)에서 'QD-BLU LCD TV'라는 명칭을 내걸었습니다. QD는 바로 쿼텀닷을 의미하는데 만일 삼성전자도 QD라는 표현을 같이 쓴다면 중국 업체들과 차별화하기가 쉽지 않을 수 있습니다. 중국 업체와 경쟁하는 삼성전자 TV로 비춰지지 않고 싶은 것입니다. 쿼텀닷 기술을 적용한 삼성전자 TV를 QD 대신 SUHD를 사용하는 이유를 이런 맥락에서 유추해볼 수 있을 겁니다.

02

세계시장 선두주자,
생활가전

생활가전부문 각 제품들의 세계시장 점유율이 어느 정도인는 추정하기 어렵다. 대부분 제품 크기가 커 배송이 어렵다보니 국가마다 로컬 업체들이 매우 많기 때문이다. 하지만 삼성전자의 냉장고와 세탁기는 각각 점유율 1위, 2위를 차지하는 것으로 추정된다. 생활가전부문은 경쟁이 매우 치열하고, 전체적으로 제품의 퀄리티가 상향평준화되어 있어 업체 간 품질 편차가 적기 때문에 이익도 많이 남지 않는 구조다. 삼성전자의 특기인 부품 경쟁력을 바탕으로 한 수직계열화 전략도 잘 먹히지 않아 생활가전부문은 실적이 그리 좋지 못하다. 최근에는 공정 개선 및 비용 효율화를 통해 원가를 감소시키면서 실적이 조금씩 개선되고 있다.

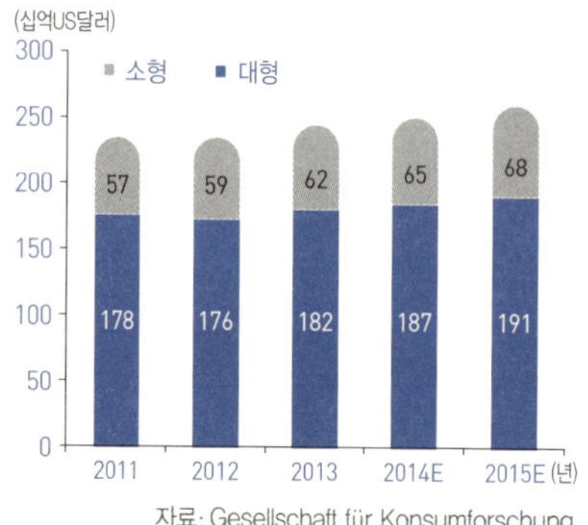

자료: Gesellschaft für Konsumforschung

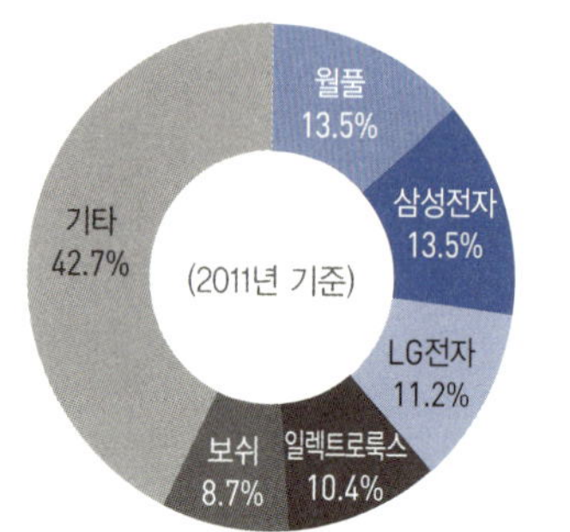

자료: Gesellschaft für Konsumforschung

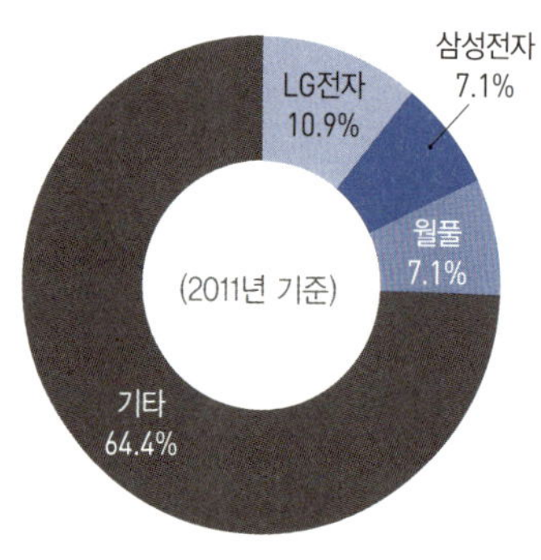

자료: Gesellschaft für Konsumforschung

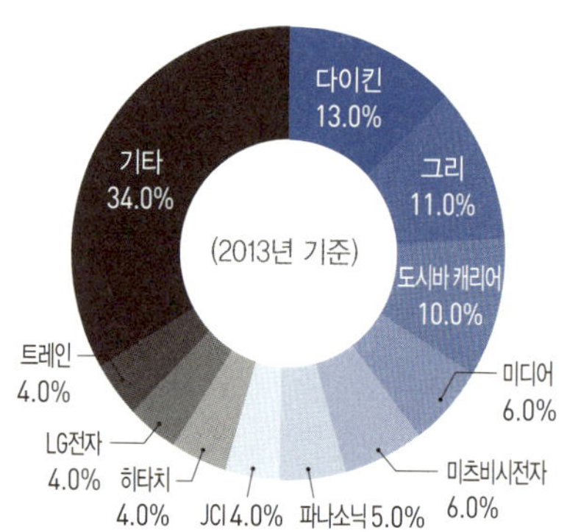

자료: Gesellschaft für Konsumforschung

사물인터넷시대, 삼성전자 기술이 빛날 제품

사물인터넷시대가 오면서 삼성전자 생활가전이 부각되고 있다. 경

자료: 삼성전자

쟁사는 생활가전만 전문적으로 만드는 경우가 많지만, 삼성전자는 반도체·통신 부문 경쟁력을 바탕으로 생활가전에 인터넷 등 기능을 접목시키는 데 경쟁사 대비 매우 유리하다.

음식 재료가 떨어지면 자동으로 주문하는 냉장고, 인터넷에서 최신 세탁법을 다운받아서 자동으로 세탁물에 적용시키는 세탁기 등이 등장할 것이다. 이에 삼성전자의 새로운 활약이 전개될 것으로 전망된다.

멘토의 Tip ㉙　　　삼성전자의 사물인터넷 준비동향 살펴보기

삼성전자의 사물인터넷 관련 준비동향을 살펴봅시다.

삼성전자 CE부문 윤부근 대표는 2015년 6월 사물인터넷시장과 관련해서 "사물인터넷은 삼성전자가 성장하기 위해 꼭 키워야 할 부분"이라면서 "미래에는 가전제품이 사람을 이해하고 스스로 대안을 찾아 제시하는 스마트 가정이 될 것"이라고 언급했습니다. 실제 삼성전자는 사물인터넷 생태망을 구축하기 위해 미국·프랑스 업체들과 협력하여 전략을 강화하고 있습니다. 2014년 8월 미국 소프트웨어 업체 스마트씽스Smart Things를 2억 달러에 인수한 데 이어, 2015년 6월에는 사물인터넷 관련 통신 장비·기술을 개발하는 벤처기업인 프랑스 시그폭스Sigfox와 지분투자 계약을 체결했습니다. 아직 매출로 나타나고 있지는 않지만 조만간 펼쳐질 사물인터넷 시대를 겨냥하여 삼성전자가 어떤 준비를 하고 있는지 그리고 앞으로 해야 할 일들은 무엇인지 다양한 측면에서 탐색해보기 바랍니다.

관련 자료 찾아보기 ㉔
검색 키워드, '삼성전자 사물인터넷 전략'

'삼성전자 사물인터넷 전략'을 키워드로 다양한 내용들을 꼼꼼하게 챙겨 보기 바랍니다. 2015년 3월 삼성전자는 사물인터넷 전략 수립 조직을 기획팀 산하에 두고 기술 연구 조직은 DMC연구소 산하에 신설했습니다. 아직 사물인터넷 생태계에서 어떤 부분이 수익이 날지 명확하지 않다는 것이 전문가들의 지적입니다. 하지만 구글이 '검색광고'로 인터넷 비즈니스 모델을 정착시켰듯이, 시간이 지나면 사물인터넷 비즈니스 모델도 보다 구체화될 것입니다. 그러므로 삼성전자가 어떤 포지셔닝을 해두느냐 여부는 중요한 부분이라 하겠습니다.

바로취업 시리즈 ❶